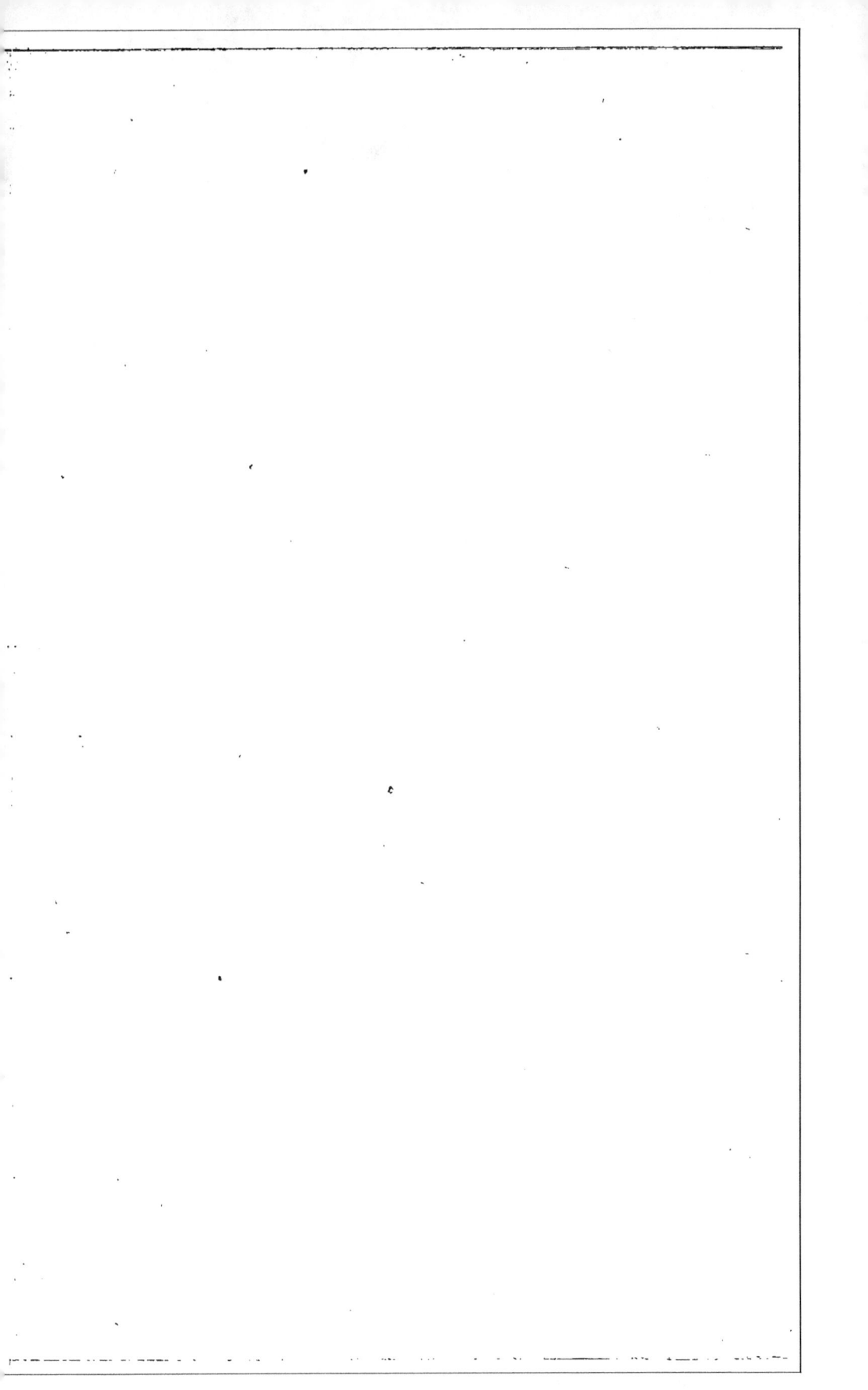

MODIFICATIONS

APPORTÉES

DANS UN INTÉRÊT PUBLIC

AU

DROIT DE PROPRIÉTÉ.

MODIFICATIONS

APPORTÉES DANS UN INTÉRÊT PUBLIC AU DROIT DE PROPRIÉTÉ.

———

TRAITÉS PUBLIÉS :

1er TRAITÉ. — DOMMAGES OCCASIONNÉS A LA PROPRIÉTÉ PRIVÉE par les travaux publics, 2me édit., 1851, in-8°. . . . . 6 fr.
La première édition de ce Traité a été publiée en 1845, sous ce titre : *Études sur la législation et la jurisprudence concernant les fouilles et extractions de matériaux, occupations temporaires et autres dommages causés à la propriété privée en dehors de l'expropriation, à l'occasion de l'exécution des travaux publics.*

IIme TRAITÉ. — SERVITUDES DE VOIRIE — ÉTUDES SUR LA LÉGISLATION ET LA JURISPRUDENCE concernant les charges établies dans un intérêt de voirie sur les propriétés privées bordant les rues et places, routes et chemins, et concernant l'exercice de certains droits afférant à ces propriétés sur les voies publiques, 1851, 2 vol. in-8° . . . 15 fr.

IIIme TRAITÉ. — LÉGISLATION DES CHEMINS DE FER par rapport aux propriétés riveraines, 1853, 1 vol. in-8°. . . . . 7 f. 50.

Aix, Typographie d'Aubin, sur le Cours, 1

LÉGISLATION

DES

CHEMINS DE FER

PAR RAPPORT

AUX PROPRIÉTÉS RIVERAINES.

DEUXIÈME PARTIE DES ÉTUDES SUR LA LÉGISLATION ET LA JURISPRUDENCE
CONCERNANT LES CHARGES ÉTABLIES DANS UN INTÉRÊT DE
VOIRIE SUR LES PROPRIÉTÉS PRIVÉES BORDANT LES
RUES ET PLACES, ROUTES ET CHEMINS,
VOIES DE FER ET D'EAU.

PAR

L.-J.-D. FERAUD-GIRAUD,

Docteur en droit, Conseiller à la Cour impériale d'Aix, Membre correspondant de l'Académie
de Législation de Toulouse.

PARIS,

CARILIAN-GOEURY ET VICTOR DALMONT, LIBRAIRES,
QUAI DES AUGUSTINS, 39 ET 41.
DURAND, LIBRAIRE, RUE DES GRÈS.

AIX,

AUBIN, LIBRAIRE-ÉDITEUR,
SUR LE COURS, 1.

—

1853.

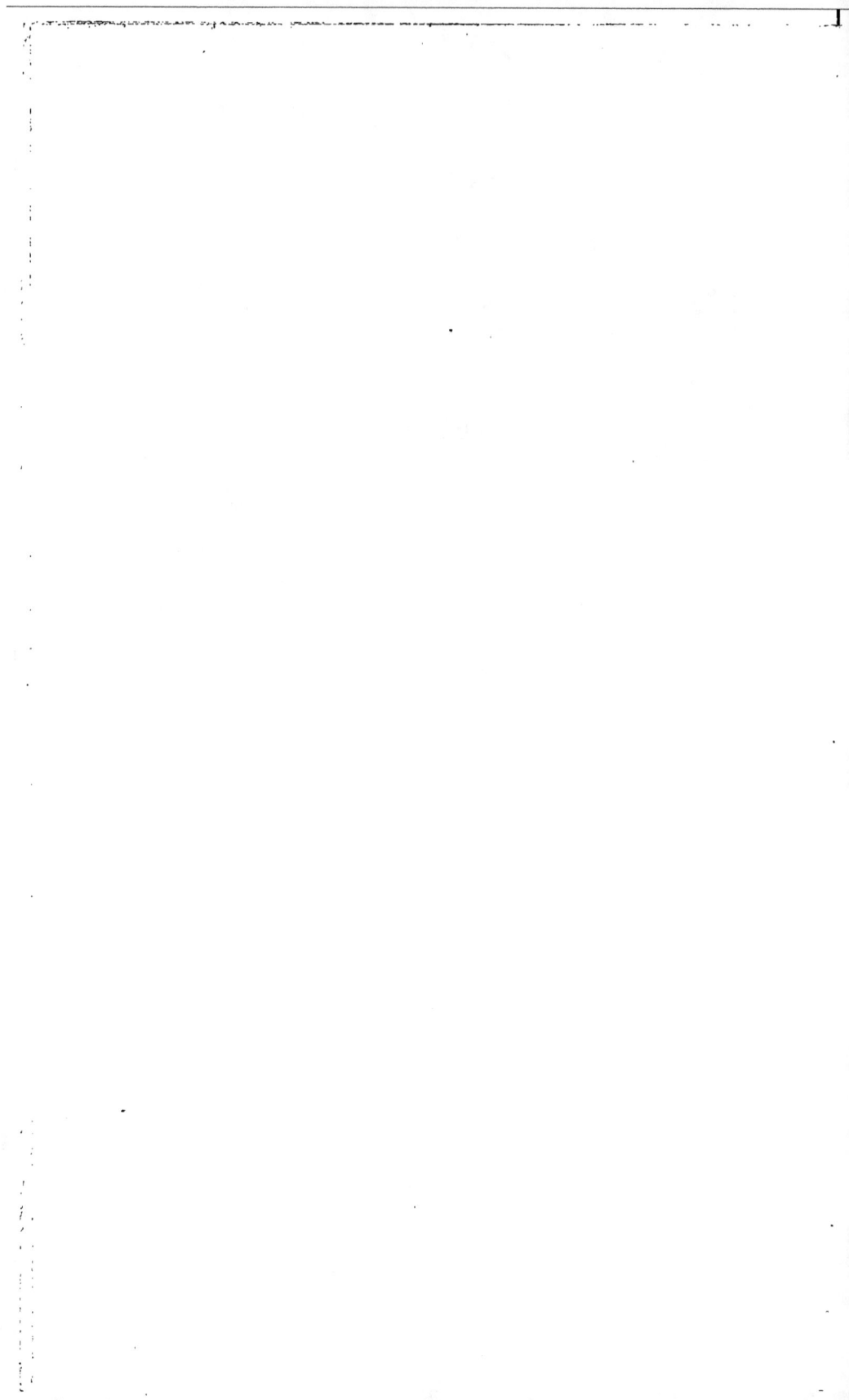

Je livre à la publicité la seconde partie de mes *Etudes sur la Législation et la Jurisprudence concernant les charges établies dans un intérêt de voirie sur les propriétés privées bordant les voies publiques*.

Dans la première partie de mon travail, publiée en 1850, j'ai surtout examiné celles de ces charges qui pèsent sur les propriétés riveraines des voies de terre; l'examen des servitudes auxquelles sont soumises les propriétés riveraines des voies de fer fait l'objet plus particulier de ce second traité.

En l'état du développement que l'on donne tous les jours aux chemins de fer en France, les matières que j'ai eues à traiter présentent un intérêt général et une véritable importance. Il m'a paru très utile de préciser les règles qui sont appelées à régir cette partie toute nouvelle de notre droit. Ce travail n'a pas été sans difficulté. La législation sur ces matières est toute récente, il est impossible de s'éclairer d'une longue expérience; rien de semblable ne se retrouve dans les législations anciennes; les tribunaux n'ont eu à faire que rarement l'application de ces règles ; nos auteurs n'ont eu à les indiquer que rapidement. Sans négliger les rares documents que me fournissaient la doctrine et la jurisprudence, j'ai dû surtout recourir aux discussions qui, dans nos Chambres législatives, ont précédé l'adoption de la loi sur la police des chemins de fer, et j'ai soigneusement consulté les législations étrangères, où a puisé le législateur français.

Pour compléter mes études, je vais maintenant consacrer tout le temps dont je pourrai disposer à un travail de la plus haute importance, et pour lequel j'ai rassemblé depuis longtemps de nombreux documents : la législation des cours d'eau par rapport à la propriété privée.

LEGISLATION

DES CHEMINS DE FER

PAR RAPPORT

AUX PROPRIÉTÉS RIVERAINES.

OBSERVATIONS GÉNÉRALES.

—

SOMMAIRE.

1. — L'établissement des voies ordinaires de communication, en imposant à la propriété privée des charges auxquelles elle n'était pas soumise, lui apporte en compensation de notables avantages. Il n'en est pas de même des chemins de fer. Leur établissement soumet les propriétés riveraines à des servitudes plus lourdes et plus pesantes, il ne leur apporte aucun avantage direct. Aussi l'exécution des projets doit-elle être soumise préalablement à l'accomplissement de toutes les formalités nécessaires pour mettre les intéressés à même de se faire entendre, de présenter leurs observations et de formuler leurs moyens d'opposition.

En France, ce sont les mêmes formalités qui doivent précéder l'exécution de tous les grands travaux publics. Elles se groupent sous deux divisions principales. Le législateur, ni le chef du pouvoir exécutif ne connaissent pas des détails d'exécution, ils prononcent uniquement sur la question d'utilité publique. La première série des formalités à remplir n'a d'autre but que d'éclairer sur le caractère d'utilité publique des travaux à exécuter. Lorsque la déclaration d'utilité publique est intervenue, le rôle du législateur ou du pouvoir exécutif cesse. Les formalités qui suivent sont exclusivement relatives aux détails d'exécution de l'entreprise. Les propriétaires sont appelés pour présenter leurs observations sur les tracés et formuler au besoin leurs oppositions, pour indiquer les inconvénients qui peuvent résulter de l'exécution des projets, et les moyens de parer à ces mêmes inconvénients. Sur l'avis des commissions désignées pour recueillir les observations des intéressés et tous les renseignements utiles, les fonctionnaires compétents de l'ordre administratif arrêtent définitivement les tracés.

En Angleterre, [1] les propriétaires sont également consultés et mis à même de fournir leurs observations; mais les Chambres anglaises ne sont pas seulement appelées à déclarer l'utilité publique, elles arrêtent elles-mêmes les tracés définitifs, sur le vu des documents fournis par les ingénieurs et après avoir entendu tous les intéressés. Dès-lors, ce ne sont plus des ingénieurs ou des fonctionnaires qui règlent les tracés et statuent sur les observations des propriétaires, c'est la loi qui règle tout, et l'exécution des travaux devient l'exécution matérielle des résolutions prises par la nation elle-même, ou soit par ses représentants.

Notre organisation politique et administrative en

---

[1] M. Guillaume, dans son *Traité sur la législation des rail-routes en Angleterre*, a complètement exposé cette partie de la législation anglaise; toutefois, depuis son ouvrage, publié en 1838, ces lois ont subi de nombreuses modifications, et pour connaître l'état actuel de la législation de nos voisins sur les chemins de fer, dans leurs rapports avec les propriétés riveraines, on peut consulter soit l'ouvrage de William Hodges, *The law relating to Railways*, London 1847, soit le traité de Riddell, *Railway parliamentary practice*, London 1846. Ce dernier volume contient: *A treatise on the rights of parties to oppose the preamble and clauses of a railway bill, and to the insertion therein of protective and compensatory clauses.*

France, le morcellement infini de la propriété, entre mille autres causes, ne nous permettent pas de suivre chez nous la même marche, bien qu'elle semble présenter plus de garanties en faveur de la propriété privée. Les administrateurs chargés sous leur responsabilité d'apprécier toutes les difficultés que soulève l'exécution des travaux publics, rapprochés de tous les intéressés, placés sur les localités où s'exécutent ces travaux, sont à même d'apporter, dans la solution de ces difficultés, un esprit de justice et d'équité qui sauvegarde les droits de propriété, sans nuire à l'intérêt public.

2. — Les voies de terre doivent être ouvertes à tous, ce sont des fleuves dont chaque sentier est un affluent, toute personne, et notamment tout riverain, doit pouvoir y aborder facilement. Les grandes routes ont, il est vrai, ordinairement pour objet principal de mettre en communication les grandes villes, mais elles relient aussi chaque toit et chaque héritage à ces villes. Elles mettent en rapport le chef-lieu avec chacun des points du territoire, elles permettent aux produits agricoles, disséminés sur ce territoire, d'atteindre les centres de consommation. Les chemins de fer, au contraire, destinés à mettre en rapport direct et prompt les grands centres de population et les lieux de grandes productions industrielles et commerciales, sont plus spécialement destinés à satisfaire les besoins de l'industrie et du commerce. Aussi les voies de terre doivent être partout d'un accès facile aux riverains, tandis que les voies de fer ne doivent être accessibles qu'aux points extrêmes

et dans certains lieux intermédiaires, restreints et dé-
terminés.

3. — D'un autre côté, la nature de ce mode de
transport, les procédés et les éléments qu'il emploie, la
vitesse qu'il déploie, en font un moyen de communication exceptionnel et pour lequel devaient être édictées
des règles particulières.

Il était indispensable de réglementer d'une manière
distincte tout ce qui concernait les constructions, les
fouilles, les dépôts de matériaux et d'objets imflamma-
bles le long des chemins de fer. Il n'eût pas été suffisant
de les placer sous le régime ordinaire de la voirie, une
loi spéciale était nécessaire non-seulement pour régler
la pénalité applicable à de nouveaux crimes, mais encore
pour fixer les rapports de la propriété privée avec des
voies nouvelles, pour reconnaître les charges nouvelles
que la nécessité imposait.

4. — En dehors des pouvois généraux qu'elle tient
de sa constitution elle-même, l'administration avait été
autorisée, par les lois des 15 juillet 1840, article 27, et
11 juin 1842, article 9, à prendre toutes les mesures et
dispositions nécessaires pour garantir la sûreté et la
conservation des chemins de fer. Ces mesures n'étaient
que provisoires et devaient être assurées, complétées
et généralisées par des dispositions législatives. C'est
dans ce but qu'a été édictée la loi du 15 juillet 1845,
qui est le Code de la matière. Cette loi est divisée en
trois titres, le dernier concerne les mesures relatives à

la sûreté de la circulation sur les chemins de fer, le second est relatif aux contraventions de voirie commises par les concessionnaires ou fermiers de chemins de fer, le premier titre renferme les mesures relatives à la conservation des chemins de fer. C'est ce titre qui fera plus particulièrement l'objet de nos études.

5. — Présenté à la Chambre des pairs le 29 janvier 1844, le projet de loi a été l'objet d'un rapport de M. Persil, dans la séance du 20 mars (*Moniteur* du 23). La discussion eut lieu les 30 mars, 2, 3, 4, 9, 10 et 11 avril, et le projet fut adopté dans cette dernière séance.

La présentation à la Chambre des députés, qui eut lieu le 27 avril, fut suivie d'un rapport fait par M. Chasseloup-Laubat, dans la séance du 12 mai (*Moniteur* du 25 juin). La discussion remplit les séances des 31 janvier et 1er février 1845, et la Chambre adopta l'ensemble du projet par elle amendé le 3 février.

Les modifications apportées par la Chambre des députés au texte adopté par la Chambre des pairs mirent cette dernière Chambre dans le cas de s'occuper de nouveau de ce projet de loi dans les séances des 13 février, 17 mars et 17 avril.

La Chambre des députés, de nouveau saisie le 3 mai 1845, entendit, le 21 mai, le nouveau rapport de M. Chasseloup-Laubat (*Moniteur* du 27), elle discuta le projet amendé le 27 mai et l'adopta le 28.

Enfin, la Chambre des pairs, encore investie le 30 mai, entendit le 20 juin (*Moniteur* du 24) un troisième rapport de M. Persil, et, après une discussion qui occupa les séances des 25 juin et 2 juillet, elle adopta, le 4 juillet, le projet tel qu'il était sorti de la Chambre des députés.

La loi fut promulguée le 15 juillet 1845.

Cette loi s'écarte beaucoup de la rédaction première du projet. La Chambre des pairs voulait ranger les chemins de fer parmi les propriétés closes, régies dans leurs rapports avec les propriétés riveraines comme des propriétés ordinaires et placées en conséquence sous l'application des articles 647, 671, 678, 679 et 680 du Code Napoléon. Ce système n'a pas prévalu, les chemins de fer ont été considérés comme des propriétés publiques destinées à la circulation ; on les à soumis au régime de la grande voirie, sauf les exceptions et les modifications que la nature exceptionnelle de ces voies rendait nécessaires.

6. — Les dispositions de la loi du 15 juillet 1845 sont applicables tant aux chemins de fer construits avant sa promulgation qu'à ceux qui seraient construits dans la suite.[1] Les lois de police sont applicables dès qu'elles sont publiées comme lois de l'État, ce n'est qu'à cette condition qu'elles peuvent atteindre leur but. C'est le plus souvent en vue d'un état de chose existant et qui ne doit pas continuer à subsister, qu'elles sont rendues. La loi de 1845 étant, d'après l'énoncé formel

---

[1] MM. Rebel et Juge, *Traité de la législation des chemins de fer*, 1847, n° 576 ; — M. Duvergier, *Collection des lois, décrets*, etc., année 1845, pag. 289.

de son titre et par son objet, une loi de police, ces principes lui sont applicables. Cela a d'ailleurs été formellement reconnu lors de la discussion de l'article 4 à la Chambre des pairs.

Nous aurons à nous expliquer plus tard sur la manière dont on doit appliquer, dans certains cas, le pouvoir rétroactif que son caractère de loi de police donne à la loi de 1845. Bornons-nous à noter, en passant, que, si elle est applicable aux chemins établis avant sa promulgation, elle ne pourrait attribuer le caractère de délit ou de contravention à des faits qui se seraient produits avant cette promulgation. [1]

7. — La loi de 1845 s'applique également à tous les chemins de fer, soit qu'ils aient été construits directement par l'État, soit qu'ils aient été concédés, la concession fût-elle même faite à perpétuité. La concession perpétuelle de l'usage ne fait pas perdre à ces propriétés leur véritable caractère et ne peut empêcher les pouvoirs publics de soumettre l'exploitation à toutes les mesures reclamées par la sûreté publique.

8. — Cependant, si un chemin de fer avait été établi par un particulier dans sa propriété, pour son usage exclusif et personnel, les règles générales de la loi sur la police des chemins de fer ne seraient pas applicables. Cette solution ne nous paraît pas présenter de difficulté en ce qui concerne les charges imposées aux

[1] Cons. d'Etat, 8 avril 1847 (chem. de fer de Paris à Rouen).

propriétés riveraines.[1] Je dois ajouter que, si le public
y était admis, la police en appartiendrait à l'autorité
administrative.[2]

9. — Pour assurer l'exécution de la loi du 15 juillet 1845, il a été rendu une ordonnance, le 15 novembre 1846, qui détermine les mesures nécessaires pour
assurer la police, la sûreté et l'usage des chemins de fer
et des ouvrages qui en dépendent. Cette ordonnance,
rendue sur le rapport du ministre des travaux publics,
le conseil d'Etat entendu, est basée sur les matériaux
préparés par le conseil des ponts-et-chaussées et sur les
observations fournies par les compagnies appelées à
donner tous les renseignements qui ont paru utiles au
gouvernement. Nous aurons peu à consulter ce document qui régit plus particulièrement la police de l'exploitation et ne touche point aux rapports qui existent
entre les chemins de fer et les propriétés riveraines ;
ces rapports, entraînant le plus souvent des modifications au droit de propriété, ne pouvaient être complètement réglémentés que par la loi.

10. — Pour rendre notre travail aussi complet et
utile que possible, nous avons consulté les documents
que fournissent sur cette matière les législations étrangères ; l'étude sérieuse que nous avons faite de la législation anglaise ne nous a donné aucun résultat satisfai-

[1] *Sic*, MM. Rebel et Juge, n° 567.
[2] M. Duvergier, *Lois* ; 1845, pag. 288, note 1.

sant ; chez nos voisins d'Outre-Manche, chaque voie a sur ce point ses règles particulières , nous n'avons pu trouver des règles générales et positives qui pussent être mises en parallèle avec la loi française. En Allemagne, on retrouve également çà et là diverses prescriptions jetées dans les concessions ou les statuts de compagnies, le droit commun est le plus souvent seul appliqué, la matière est plus réglementée qu'en Angleterre, mais elle l'est moins qu'en France. Je n'ai pas eu occasion de consulter la législation des États-Unis sur ces matières. Dans cet État, on se préoccupe trop de la prompte exécution des chemins de fer et de l'excessive vitesse des convois, on songe trop peu aux règles qui doivent assurer la sûreté des voies de fer contre les atteintes des voisins, et une législation sous laquelle les plus graves et plus fâcheux accidents se renouvellent, me paraît peu utile à consulter. La loi belge est incontestablement le document le plus complet que nous offre la législation étrangère : l'acte du 12 avril 1835 avait d'abord autorisé le gouvernement belge à faire des règlements sur la police et l'exploitation des chemins de fer, c'est d'après cette loi que furent pris, entre autres, les arrêtés des 5 mai 1835, 16 janvier 1836 et 2 novembre même année. Le 31 mai 1838, une nouvelle loi commença à réglementer directement cette matière, et elle créa divers agents chargés de la police des chemins de fer ; cette loi, qui ne devait être que provisoire, fut successivement prorogée par les lois des 31 mai 1839, 21 juin 1840, 9 avril 1841 et 26 juin 1842. Enfin la loi du 15 avril 1843, en réglant tout ce qui concernait la police des chemins de fer, détermina, dans son titre premier, le régime des propriétés riveraines de ces voies. La loi française est entièrement basée sur la loi belge, nous avons quelquefois restreint les servitudes imposées en Belgique sur les propriétés riveraines des chemins de fer, mais le législateur français a suivi presque complètement la loi belge pour l'indication de ces servitudes et leur établissement, aussi, ne s'étonnera-t-on si on nous voit si souvent consulter ce qui s'est fait à Bruxelles, pour étudier ce qu'on a fait ensuite à Paris. [1]

11. — Les matières que nous avons à étudier étant réglementées par une loi unique, nous suivrons dans notre travail l'ordre établi par la loi du 15 juillet 1845, dont nous fournirons un commentaire. Nous examinerons, sous chaque article, les questions que peut faire naître son application.

---

[1] N'ayant pas à ma disposition le bulletin officiel, n° 29, où a été inséréc la loi du 15 avril 1843, j'ai suivi le texte donné par M. l'ingénieur Clément Labye, dans son ouvrage *sur la Législation des travaux publics en Belgique*, Liège, 1851, pag. 352. M. P. Tourneux, dans sa traduction de l'ouvrage de M. de Reden, *sur la Législation des chemins de fer en Allemagne*, a aussi donné le texte de la loi belge, pag. 415.

ARTICLE Ier

Les chemins de fer construits ou concédés par l'État font partie de la grande voirie.

—

SOMMAIRE.

12 — L'article adopté par les Chambres s'écarte du projet de loi.

13 — Les chemins de fer font partie de la grande voirie, ainsi que leurs dépendances.

14 — Qu'ils soient construits ou concédés par l'Etat.

15 — Diverses règles générales, en matière de grande voirie, ont été modifiées en les appliquant aux chemins de fer.

16 — D'autres ont été complètement respectées.

17 — Les chemins de fer sont imprescriptibles.

18 — Sur quelles parties s'étend cette imprescriptibilité.

19 — Quand commence l'imprescriptibilité et quand elle finit.

20 — Des actions possessoires.

21 — De l'inaliénabilité.

22 — Modifications apportées aux constructions par les concessionnaires de l'exploitation.

23 — Les maires, comme chefs de la petite voirie, ont-ils le droit d'exercer sur les chemins de fer tout ou partie des attributions que leur donnent les lois de 1790 et autres sur le pouvoir municipal ou la voirie?

12. — La rédaction de l'article, tel qu'il a été

adopté, est due à la Chambre des députés ; elle s'écarte à la fois du projet présenté par le gouvernement et de celui présenté par la commission de la Chambre des pairs.

13. — Déjà, avant la déclaration formelle contenue dans l'article 1er de la loi de 1845, on admettait que les chemins de fer faisaient partie de la grande voirie.[1] La loi a dû cependant s'expliquer sur ce point. Il était nécessaire, au moment où ces nouveaux moyens de communication nécessitaient de nouvelles dispositions législatives, qu'ils fussent régulièrement classés. En proclamant que les chemins de fer faisaient partie de la grande voirie, le législateur de 1845 les a placés sous l'application des règles protectrices qui défendent les voies publiques, il leur a assuré la surveillance utile que le gouvernement est appelé à exercer sur elles, il les fait bénéficier des priviléges établis en faveur des routes pour leur entretien et leur réparation.

La disposition de la loi du 15 juillet 1845, qui déclare que les chemins de fer font partie de la grande voirie, est applicable non-seulement à la voie de fer propre-ment dite, mais encore aux dépendances nécessaires du chemin, telles que les fossés, talus, levées, ouvrages d'art, les haies et clôtures ,[2] et même aux voies d'accès et places établies aux abords des chemins de fer.[3] En

[1] M. de Gérando ; — Serrigny, *Traité de l'organis.*, etc., t. II, n° 631 , — Dufour, *Droit adm.*, t. IV, n° 2928.

[2] Cons. d'Etat, 29 mars 1851 (Chabanne et Drevet) ; 9 août 1851, (Ajasson de Grandsagne) ; — Jousselin, *Servit. de voirie*, t. II, p. 378.

[3] Cons. d'Etat, 22 juillet 1848 (min. des trav. publics C. Tournois).

déférant au conseil d'Etat un arrêté du conseil de préfecture de Seine-et-Oise, du 20 avril 1847, réformé par le conseil d'Etat le 22 juillet 1848, le ministre des travaux publics disait : « Un chemin de fer ne peut pas se composer seulement de la voie sur laquelle s'opère la traction ; il y a un certain nombre d'accessoires qui forment les dépendances nécessaires de ces nouvelles voies de communication ; telles sont les stations de voyageurs, de marchandises, les lieux d'embarquement, de débarquement, et lorsque les points où des stations sont établies ne sont pas immédiatement voisins de routes ouvertes, il faut de toute nécessités les relier par des chemins nouveaux aux routes existantes ; ces chemins font donc également partie du chemin de fer, puisque, sans eux, l'exploitation n'en serait pas possible. Ces principes reçoivent d'ailleurs tous les jours leur application sur les autres voies de communication soumises au régime de la grande voirie. Les ports des canaux, la voie d'accès à ces ports, les quais, les ouvrages de décharge pour les eaux surabondantes des routes, les arches supplémentaires pour l'écoulement des eaux dans les cas de crues extraordinaires des rivières, travaux tous établis généralement en dehors du lit des rivières et canaux et du sol des routes, sont protégés par les mêmes règlements que les canaux, les rivières et les routes elles-mêmes. »

14. — Peu importe que les chemins soient construits par l'Etat ou concédés par lui, cette différence, dans les combinaisons financières qui président à leur

établissement, ne change en rien leur nature, ne peut modifier les règles qui leur sont applicables dans les matières que nous étudions.

15. — Le principe général une fois posé en l'article 1er, on a voulu, dans certains cas, en restreindre l'application, de même que, dans d'autres cas, on a été obligé d'aggraver, pour les riverains, les conséquences qui résultaient de cette application. Les articles 2 et suivants de la loi de 1845 font connaître les modifications apportées aux lois sur la voirie, dans leur application aux chemins de fer. Il faut, en conséquence, lorsqu'il s'agit de faire cette application, s'en référer sans cesse à ces dispositions. La discussion qui a eu lieu aux Chambres ne laisse pas de doute à cet égard. M. Persil disait à la Chambre des pairs, dans la séance du 17 mars : [1] « Après avoir établi, par le premier article du titre premier, que les chemins de fer font partie de la grande voirie, vous aviez immédiatement ajouté une énumération des lois qui devaient s'appliquer à ces chemins. Les lois non comprises dans votre énumération étaient par cela même exclues ; la Chambre des députés est partie du même principe....... » Et comme la Chambre des pairs tenait à ce qu'il resta trace de ces explications dans la loi, son rapporteur lui disait : « Après y avoir mûrement réfléchi, votre commission a pensé que cela n'était pas nécessaire ; elle a été convaincue que, du seul rapprochement des trois

[1] *Moniteur* du 18 mars 1845.

2

articles, résultait cette démonstration clairement mani-
festée d'ailleurs dans l'autre Chambre, que les deux
derniers n'avaient pu être votés que dans l'intention de
restreindre le principe général de l'article 1er aux seules
lois de la grande voirie qu'ils indiquaient. » Le commentaire sur les articles 2 et 3 nous fera connaître
quelles sont ces lois.

16. — Il faut comprendre et apprécier d'une manière juste la portée des restrictions et modifications
que nous venons d'indiquer et que nous allons examiner. Les principes généraux, en matière de grande
voirie, n'en restent pas moins applicables aux chemins
de fer, sinon l'article 1er serait une inutilité et un non
sens. Les chemins de fer faisant partie de la grande
voirie sont soumis entièrement au régime de la grande
voirie pour tout ce qui concerne les questions de propriété, de possession, de surveillance, de compétence ;
seulement l'application des règles établissant leurs rapports avec les propriétés riveraines est modifiée à cause
de la différence de l'exploitation et de la nature de ces
voies.

17. — C'est ainsi que les chemins de fer faisant
partie de la grande voirie rentrent sous l'application
de l'article 538 du Code Napoléon, et sont considérés
comme des dépendances du domaine public ; que dès-
lors, aux termes de l'article 2226 du même Code, ils
sont imprescriptibles. M. Jousselin dit : « L'imprescriptibilité de la voie n'est pas la conséquence de la

qualification de grande voirie, car l'imprescriptibilité
s'applique également à des chemins de petite voirie. »
Et il ajoute plus bas : « Ce privilége s'applique bien
sans doute aux chemins de fer, mais ce n'est pas en
vertu de la déclaration de grande voirie, c'est en vertu
d'un autre principe, celui de la déclaration publique. »[1]
Je ne voudrais pas faire une querelle à cet auteur au
sujet de la distinction qu'il indique, toutefois, si, de la
déclaration qu'une voie publique fait partie de la petite
voirie, il peut résulter que cette voie est imprescriptible, je ne vois pas pourquoi il ne résulterait pas de la
constatation faite par le législateur de 1845 que les
chemins de fer font partie de la grande voire, que ces
mêmes chemins sont également imprescriptibles. De
ce que ce résultat sera amené aussi bien par l'une que par
l'autre de ces constatations, il me semble difficile de conclure qu'il ne sera amené par aucune d'elles ou par l'une
à l'exclusion de l'autre. Aussi je maintiens mon raisonnement et je dis : l'article 1er de la loi de 1845 déclare
que les chemins de fer font partie de la grande voirie,
donc, à ce titre, ils sont imprescriptibles. Je me garderai
bien de négliger de relever une constatation légale, alors
que la règle que je veux poser en est la conséquence
forcée.

C'est en grande partie dans le but de défendre les
chemins de fer contre les prescriptions qu'a été écrite
la première disposition de la loi de 1845. L'article 1er
fut adopté, après de longues discussions, sur les explica-

---

[1] *Servitudes d'utilité publique*, t. II, pag. 377.

tions du marquis de Barthélemy [1] et l'insistance de M. Dumont, alors ministre des travaux publics; ils faisaient valoir la nécessité où l'on était d'assurer, par la déclaration formulée dans cet article, l'imprescriptibilité des chemins de fer. Le ministre notamment disait : « Les chemins de fer sont imprescriptibles; ils doivent l'être, tout le monde en convient. Le sont-ils dans notre rédaction? M. le rapporteur disait tout à l'heure : Ils le sont, car ils dépendent du domaine public. Où cela est-il écrit? Nulle part. Que la force des choses le fasse juger, je le comprends, et dans le silence même de la loi j'aurais recouru à la jurisprudence, qui, je l'espère, ne ferait pas défaut. Mais c'est un procès qu'on nous offre, quand nous demandons une législation. Il faudra prouver devant la juridiction administrative que les chemins de fer font partie du domaine public. Cela n'est nulle part. Du moment que vous avez décidé qu'ils font partie de la grande voirie, le procès est jugé, il n'y a plus d'incertitude possible, car la grande voirie fait partie du domaine public, et c'est à ce titre de domaine public que le chemin de fer devient imprescriptible..... [2] »

18. — Le principe de l'imprescriptibilité posé, il devient utile de préciser, par rapport à la propriété riveraine, à quelle partie du chemin il s'applique.

[1] Séance du 30 mars 1844, Ch. des pairs, *Moniteur* du 31, p. 788.
[2] Voy. encore le rapport de M. Chasseloup-Laubat, *Moniteur* du 25 juin 1844, etc., et les observations présentées dans les séances des 31 janv., 1er et 3 fév. 1845.

Quant aux terrains laissés en dehors de la voie et abandonnés parce qu'ils sont devenus inutiles à la suite des rectifications, changements de niveau, de direction ou de mode d'exploitation, comme ils ne sont plus destinés ni principalement, ni d'une manière accessoire, à l'usage du public, ils ne font plus partie de la grande voirie, ni du domaine public ; ils restent dans le domaine privé de l'Etat ou de la compagnie, et ils sont soumis aux règles ordinaires qui régissent les propriétés privées.[1]

Mais il faut tenir pour certain que toutes les dépendances du chemin de fer qui font partie de la voie, c'est-à-dire qui servent à l'exploitation du chemin de fer, qui ont été autorisées et établies, et sont entretenues dans ce but, rentrent dans la grande voirie, le domaine public, et sont imprescriptibles. C'est donc avec raison que l'imprescriptibilité doit être appliquée aux accotements, fossés et talus des voies de fer,[2] on ne fait en cela que se conformer aux termes de l'article 2 de la loi du 15 juillet 1845, rapprochés des motifs qui ont fait classer les chemins de fer dans la grande voirie ; il faut étendre cette solution aux gares, stations, magasins, embarcadères, ateliers et vacants servant de dégagement pour l'exploitation,[3] ce sont là autant de parties

---

[1] M. Gand, *Traité de la police et de la voirie des chem. de fer*, n° 7,

[2] Cela ne fait aucune difficulté pour les voies de terre. Cons. d'Etat. 16 mars 1856 (Grouls), et 22 août 1858 (Lamperière). C'est l'avis unanime des auteurs.

[3] M. Gand, n° 7 ; — MM. Rebel et Juge, n° 568 ; — cons. d'Etat, 22 juil. 1848 (Tournois) ; — et *supra*, n° 15. Consultez encore, comme argument dans ce sens, l'arrêt de Nancy, du 1er mai 1828, rapporté par M. Troplong, *de la Prescript.*, t. I, n° 161.

intégrantes et indispensables des chemins de fer, elles sont affectées à l'usage de ces voies pour que les chemins de fer puissent remplir le but d'utilité publique qui les a fait créer, il y a identité de motifs de décider que, pour la voie de fer elle-même, il y a similitude de droit. Ces gares, ces stations dans leur ensemble sont de véritables ports protégés par la loi, comme le fleuve lui-même, qui est la voie de fer. Aussi voyons-nous l'Etat imposer, dans toutes les concessions de chemins de fer, l'établissement des gares d'embarquement, de débarquement, d'évitement et autres ports secs destinés tant aux stationnements des convois, qu'aux chargements et déchargements des marchandises.[1] L'administration a reconnu par là que ces ports secs, et les constructions qu'ils doivent renfermer, faisaient partie intégrante des chemins de fer, elle l'a reconnu encore plus formellement en décidant que, dans le cas où l'Etat ayant lui-même construit un chemin de fer en concédait l'exploitation à une compagnie, il devait livrer à cette compagnie, avec la voie de fer, les quais, gares et tous autres travaux de cette nature.[2]

On a fait à cette opinion le reproche de donner au principe de l'imprescriptibilité une extension qui laisserait trop à l'arbitraire. Si les compagnies ou l'Etat, dit-

---

[1] Cahier des charges annexé à la loi des 15 juil.-12 août 1840 (chem. de fer de Paris à Rouen). Ce cahier des charges se trouve presque totalement reproduit dans les concessions postérieures.

[2] C'est ce qui a été décidé par l'administration supérieure, à la suite des réclamations élevées par la compagnie du chem. de fer de Bordeaux. au sujet de l'interprétation de la loi du 11 juin 1842.

on, n'étaient en possession que des terrains expropriés pour l'établissement du chemin de fer, on pourrait bien faire jouir de ce privilége les terrains ainsi acquis en vertu d'une déclaration d'utilité publique, mais le plus souvent les compagnies, pour faciliter l'exploitation, dans un but purement financier et d'intérêt privé, achètent des terrains en dehors de ceux qui sont nécessaires au chemin et à ses dépendances, et y établissent des constructions que leur origine et leur destination ne permettent pas d'entourer de la garantie de l'imprescriptibilité. Il est à remarquer, en fait, que l'administration exige, après l'accomplissement des travaux nécessaires à l'établissement d'un chemin de fer, un bornage contradictoire et un plan cadastral de toutes les parties du chemin de fer et de ses dépendances, et qu'une expédition certifiée des procès-verbaux de bornage et du plan cadastral est déposé dans les bureaux de l'administration des ponts-et-chaussées.[1] Cette opération fixe d'une manière certaine et invariable quels sont les terrains qui doivent être considérés comme faisant partie des voies de fer et par suite de la grande voirie. Lorsque la question de prescription se présente devant les tribunaux civils, s'il y a difficulté sur le point de savoir si le terrain sur lequel on veut exciper de la prescription fait partie de la grande voirie, l'autorité

---

[1] Voyez les divers cahiers des charges annexés aux lois de concession, notamment celui qui accompagne la loi des 15 juillet-12 août 1840 (Paris-Rouen).

administrative devra vider préalablement cette difficulté. [1]

Nous sommes d'ailleurs entièrement de l'avis que les terrains sur lesquels, dans un but de spéculation privée, une compagnie concessionnaire fait construire des magasins et établir des dépôts, ne sauraient être placés en dehors du droit commun. Il faut éviter l'application illégale d'un bénéfice de la loi à des propriétés qui ne sont pas nécessaires à un service public; ainsi la compagnie concessionnaire d'un chemin de fer qui, propriétaire en même temps de mines de houille, achèterait aux abords du chemin de fer des terrains nécessaires pour déposer ses marchandises, ne pourrait placer ces terrains sous le bénéfice de lois exceptionnelles, et cette propriété serait soumise à toutes les règles du droit commun. Au contraire, si une gare de stationnement devient insuffisante, à cause de l'extension des besoins des localités qu'elle dessert, et que cette gare soit élargie sous l'approbation de l'autorité supérieure, les nouveaux terrains qui s'y trouveront annexés, dans un intérêt public, tomberont sous le régime de la grande voirie et seront imprescriptibles.

[1] C'est à l'administration à reconnaître et fixer la limite des terrains soumis à la grande voirie. Cela a été reconnu, pour les voies de terre, par les décisions du cons. d'État des 30 juil. 1828 (ville d'Amiens); 30 juin 1835 (Ganneron); 14 fév. 1842 (Vauchel); 21 déc. 1843 (Crancy); et plus récemment : 27 fév. 1851 (Augny); 23 avr.l 1851 (ville de Marseille); 29 juil. 1851 (Saintourens); — sic, Cotelle, *Procès-verbaux de contrav. en matière adm.*, pag. 141. — Serrigny, n° 691; — Feraud-Giraud, *Servitudes de voirie*, t. II. n° 464 et suiv.

19. — Les actes volontaires de cession ou le jugement d'expropriation des terrains nécessaires à l'établissement d'un chemin de fer faisant passer la propriété de ces terrains à l'administration, on a soutenu
que c'était du jour de la cession ou de l'expropriation
que les terrains destinés aux chemins de fer étaient imprescriptibles. [1]

Je crois que les chemins de fer ne sont imprescriptibles que du moment où, livrés à l'usage auxquels ils
sont destinés, ils fonctionnent comme chemins de fer, et,
pour préciser un moment, je ferai courir l'imprescriptibilité du jour de la réception des travaux, et, en cas de
réceptions partielles, du jour de l'inauguration. En
effet, jusqu'au moment où le chemin de fer a com-
mencé à fonctionner comme voie publique, il n'y a eu
d'un côté qu'une loi décrétant l'établissement d'une
nouvelle voie de fer; de l'autre, des actes et des travaux
divers pour exécuter cette loi ; mais, jusqu'au moment
de la complète exécution de ces travaux, il n'y a pas eu
un ensemble dépendant de la grande voirie et, par suite,
devant bénéficier des règles exceptionnelles qui lui
sont applicables. Bien des terrains achetés pourront
être complètement inutiles après l'exécution complète
des travaux. L'entreprise elle-même peut être abandonnée avant l'exécution, et, dans ces divers cas, les
terrains achetés en vertu d'une loi déclarant l'utilité
publique pourront être vendus et rétrocédés, et on
pourra les considérer comme n'ayant jamais fait partie

[1] M. Gaud, *Traité de la police des chem. de fer*, nos 15 et 16.

du domaine public. Pendant l'exécution des travaux, il ne sera pas possible non plus de considérer les actes illicites par lesquels on voudrait s'opposer à l'exécution des travaux comme des contraventions de voirie. Un chemin de fer en cours d'exécution ne peut être considéré, dès-lors, comme une dépendance de la grande voirie et, par suite, comme imprescriptible. Le chemin ne tombe dans le domaine public que du moment où il a été livré au public, qu'il a été exploité dans un intérêt général. Jusque là il y a des travaux publics entrepris dans diverses localités et dans un même but, mais il n'y a pas encore de voie publique.

Si le chemin de fer est abandonné par suite d'une décision de l'autorité compétente, il cesse d'être imprescriptible ; mais dans le cas où, construit par l'Etat, il serait affermé, exploité par un concessionnaire, il n'en resterait pas moins une dépendance du domaine public, soumis à la grande voirie, et comme tel imprescriptible. Le mode d'exploitation peut varier à la suite de combinaisons financières, mais l'objet et la destination d'intérêt public du chemin de fer ne changent pas pour cela.

20. — Lorsqu'un chemin de fer existant, un riverain, sur une difficulté de délimitation, voudra exciper de sa possession sur les terrains compris dans les limites attribuées à la route par une décision administrative, l'Etat repoussera la demande au possessoire comme n'étant pas utile et ne tendant qu'à faire sanctionner une usurpation, c'est-à-dire une contravention qui ne peut

conférer un droit. L'action au possessoire ne sera admissible que lorsque les limites d'un chemin de fer ayant été étendues, le riverain voudra faire reconnaître sa possession sur les parcelles qu'il soutiendra avoir été distraites de sa propriété. Le juge, dans ce cas, devra se borner à reconnaître cette possession, sans pouvoir ordonner la remise en possession, et le riverain pourra se prévaloir plus tard de cette reconnaissance devant les tribunaux pour faire constater sa propriété, et par suite son droit à une indemnité.[1] C'est surtout pour les chemins vicinaux que cette observation est utile et féconde en résultats.[2]

21. — Pour qu'une chose soit prescriptible, il faut qu'elle soit dans le commerce et, par suite, aliénable. Si elle est imprescriptible, c'est qu'elle est inaliénable. La conséquence de ce que nous venons d'établir dans les paragraphes précédents est donc que les chemins de fer et leurs dépendances sont inaliénables.

Si les chemins de fer ne sont pas aliénables, ils ne peuvent pas plus faire l'objet d'une cession amiable que d'une expropriation forcée. C'est ce qu'a reconnu le tribunal de la Seine, dans son jugement du 27 juillet 1850. Le chemin de fer de Paris à Sceaux ayant été mis sous le séquestre, par un arrêté du 29 décembre 1848, a été l'objet d'une saisie de la part de plusieurs person-

---

[1] M. Serrigny, *Traité de l'organis.*, t. II, n° 694 ; — et les *Servitudes de voirie*, t. II, n° 466.

[2] Voy. les nombreux cas où elle peut être appliquée aux riverains des chemins vicinaux, t. II, n° 612 *des Servitudes de voirie*.

nes, la plupart propriétaires de terrains cédés pour l'établissement du chemin, et qui n'avaient pas été payés du prix des ventes par eux consenties; l'État est intervenu pour demander la nullité de la saisie. Sur cette intervention, un des saisissants a conclu à ce que l'État fût condamné à lui payer sa créance. Le tribunal a statué en ces termes:

« Attendu que le concessionnaire d'un chemin de fer n'est pas le véritable propriétaire du terrain sur lequel le chemin de fer est établi ; que, par leur nature de voie publique, les chemins de fer ne sont point susceptibles d'une propriété privée, qu'il est impossible, en effet, d'admettre qu'une telle voie, créée pour l'utilité de tous, puisse être soumise aux modifications partielles ou totales que subit la propriété privée, modifications qui peuvent résulter de ventes, donations, expropriations, etc.; que la destruction de la moindre parcelle d'un chemin de fer détruirait la totalité de la voie, ce qui serait dans la plus évidente opposition avec la création même du chemin; attendu que la seule chose qui soit réellement accordée au concessionnaire est clairement définie par l'article 28 du cahier des charges joint à la loi de concession du chemin de fer de Sceaux, du 5 août 1844.......; attendu que le concessionnaire du chemin de fer n'en étant pas le propriétaire, l'expropriation n'en peut pas être poursuivie sur lui; attendu, au surplus, qu'il ne peut exister sur le sol du chemin de fer aucune hypothèque susceptible d'effet, ou aucun droit de résolution ; que non-seulement cette vérité ressort de l'impossibilité plus haut signalée, qui résiste

à ce que l'exercice d'un droit privé anéantisse l'usage
d'une voie publique, mais qu'elle est établie par le texte
de la loi du 3 mai 1841 ; qu'en effet l'article 17 dit que
les créanciers inscrits n'auront pas la faculté de suren-
chérir, ce qui est un signe non équivoque de toute ces-
sation des effets hypothécaires, tels qu'ils sont établis
par le Code civil (article 2185) ; que l'article 18 de la
même loi dit que les actions en résolution, en revendi-
cation et autres actions réelles n'ont d'effet que sur le
prix, ce qui s'applique, à plus forte raison, aux droits
hypothécaires ; qu'enfin, les créanciers dont il s'agit au
procès n'ont pas même d'hypothèque ordinaire à réclamer, suivant les principes du droit commun ; qu'ils ne
pourraient avoir que leur privilége de précédents propriétaires sur les parcelles spéciales dont ils ont été expropriés, si les immeubles étaient encore une propriété
privée, ce qu'ils ne sont plus ; et qu'ils n'ont aucun droit
hypothécaire quelconque sur le reste du chemin de fer,
puisqu'il ne leur a été consenti aucune hypothèque con-
ventionnelle et qu'il n'existe pas à leur profit de jugement qui puisse produire une hypothèque judiciaire ;
que la décision du jury n'est point un jugement, et que
l'ordonnance du magistrat directeur du jury, qui, en
vertu de l'article 41 de la loi du 3 mai 1841, rend cette
décision exécutoire, n'est pas un jugement non plus ;
qu'ainsi l'article 2123 du Code civil, qui définit l'hypothèque judiciaire, n'est point applicable ici ; que la
décision du jury est seulement exécutoire par les voies
de droit spéciales et non pas par la voie hypothécaire ;
attendu que la condition d'une juste et préalable in-

demnité, posée en principe par l'article 545 du Code
civil, au sujet de l'expropriation pour cause d'utilité
publique, est modifiée, dans le cas d'urgence, par les
articles 65 et suivants de la loi du 9 mai 1841 ; que,
dans ce cas, l'indemnité préalable est celle qui est provisoirement fixée aux termes de l'article 68, et que si la
fixation définitive la dépasse, l'exproprié n'a de moyen
direct, pour obtenir l'excédant, que celui qui est indiqué par l'article 74, c'est-à-dire l'opposition à la con-
tinuation des travaux ; que s'il n'a pas fait usage de ce
moyen, il reste, il est vrai, créancier, mais qu'il n'a
d'autre voie de poursuite à exercer contre l'administration du chemin de fer que celle qui est tracée quant
au chemin de fer de Sceaux par l'article 24 du cahier
des charges, lequel est la loi de tous les intéressés,
puisque l'article 1er de la loi de concession du 5 août
1844 porte : « Le ministre des travaux publics est autorisé à concéder au sieur Arnoulx un chemin de fer de
Paris à Sceaux, aux clauses et conditions du cahier des
charges annexé à la présente loi » ; attendu, en ce qui
touche l'État, que l'État, qui n'a point, quant à présent,
la jouissance du chemin de fer et qui n'a contracté aucun engagement vis-à-vis des demandeurs, n'est tenu
actuellement, sous aucun rapport, du paiement des
sommes réclamées, déclare nulle la saisie etc..... »

22. — L'inaliénabilité des chemins de fer n'empêche
pas les compagnies qui exploitent les chemins affermés
ou construits par elles de faire certaines modifications
exigées par les besoins du service, alors que ces modi-

fications ne s'appliquent qu'aux bâtiments d'exploitation, qu'elles n'ont pas pour but de les détourner de
l'usage auquel ils sont destinés; ces modifications peuvent même être faites sans l'autorisation de l'administration.[1] Si, au lieu de changer seulement la disposition
des lieux, il s'agissait de changer leur destination,
l'autorisation de l'administration serait nécessaire.[2] Si
ces modifications entraînaient des travaux sur les propriétés riveraines, il faudrait une autorisation donnée
dans les termes et conditions de la loi du 9 mai 1841
sur l'expropriation pour cause d'utilité publique; toutefois, aux termes de l'article 4 du sénatus-consulte
du 25 décembre 1852, un décret de l'empereur serait,
dans tous les cas, suffisant pour autoriser ces nouveaux
travaux.

23. — Certaines règles de la petite voirie sont-elles
applicables aux chemins de fer? M. Gand [3] croit que la
nouvelle loi, en attribuant les chemins de fer à la grande
voirie, ne les a pas soustraits par cette déclaration,
d'une manière absolue, à l'action de la petite voirie, et
il conclut, à la suite de la longue dissertation à laquelle
il se livre, que le chemin de fer est, comme toute autre
voie publique qui traverse une commune, soumis, pour
ce qui concerne la sûreté et la commodité du passage,

---

[1] MM. Rebel et Juge, n° 257.
[2] id. n° 258.
[3] N°s 17 et suiv. C'est l'avis des annotateurs de la loi du 15 juillet
1845, note 2 sur l'article 1er, dans le *Recueil des Lois et Arrêts* de
MM. de Villeneuve et Carette.

à l'action du pouvoir municipal de cette commune, que, dès-lors, le maire peut faire des règlements sur ces objets, comme il peut en faire pour toute autre voie publique pendant son trajet dans la commune en général; c'est d'ailleurs une conclusion, ajoute M. Gand, applicable surtout aux gares et aux stations.

Nous n'admettons nullement cette règle.

Oui, le maire pourra bien faire des règlements qui atteindront des maisons bordant, dans les villes, la voie publique, si ces maisons sont situées hors de la zone de servitude qui environne les chemins de fer, c'est-à-dire que, lorsqu'il s'agira de prendre des arrêtés qui, directement ni indirectement, ne pourront atteindre la voie ni les constructions qui la bordent, le maire pourra agir, mais il sera sans action sur les chemins de fer et dans les zones asservies qui les entourent.

Nous pensons également que le pouvoir des maires pourra s'exercer aux abords des gares pour régler la circulation, qu'ils pourront diriger la police dans les rues qui y aboutissent et dans les places qui les bordent, ces lieux dépendant de la petite voirie, mais ce pouvoir ne dépassera pas les abords, et, suivant nous, il s'arrêtera là où le chemin de fer et ses dépendances commencent.

Lorsqu'une loi spéciale est venue récemment régler cette matière, on doit, avant de discuter les lois de 1790 sur le pouvoir municipal, voir si cette nouvelle loi, destinée à régir des matières que l'on ne soupçonnait pas en 1790, n'a pas résolu les difficultés qui pourraient se présenter. Or il résulte évidemment de la loi du 15 juillet 1845 que tout ce qui a rapport à la police des chemins de fer, à la sûreté et à la commodité de la circulation sur ces voies a été confié aux soins, à l'autorité et à la vigilance de l'autorité supérieure.

L'article 1er déclare que les chemins de fer construits ou concédés par l'État font partie de la grande voirie.

Les articles suivants ont chargé l'administration supérieure de prendre les mesures de police que nécessiterait leur exploitation; dans certains cas, les autorités administratives seules ont été appelées à les fixer; dans d'autres, on a exigé un règlement d'administration publique.

L'article 2 porte que les contraventions seront constatées, poursuivies et réprimées comme en matière de grande voirie.

Un titre entier a édicté des peines sévères contre les auteurs des crimes et délits commis sur la voie de fer, nulle part nous ne voyons l'intervention du pouvoir municipal, ou soit du maire, comme chargé de la petite voirie.

Dans les villes traversées par les voies de fer, l'action étant réservée à l'administration supérieure pour tout ce qui intéresse la commodité, la sûreté, la police de la voirie, le maire n'aura point à intervenir dans tous ces cas, et dès-lors, même dans les villes, l'action des agents ou des chefs de la petite voirie sur le chemin de fer ne pourra rencontrer d'application.

On dit que l'article 10 sanctionne le pouvoir de l'administration municipale en matière de voirie, tel que l'établit la loi de 1790, et l'étend aux chemins de fer. L'article 10 donne pouvoir à l'administration de faire supprimer les constructions, plantations, etc., même hors les cas d'urgence prévus par la loi des 16-24 août 1790, c'est-à-dire qu'on n'a point voulu borner l'action de l'administration chargée de la police des chemins de fer aux limites données à l'administration dans d'autres matières, mais cela ne signifie nullement qu'on ait voulu sanctionner le pouvoir du fonctionnaire chargé de la petite voirie, lorsqu'il s'agit de mesures urgentes relatives aux chemins de fer, et étendre cette action à la suppression des constructions et plantations riveraines des chemins.

D'ailleurs, aujourd'hui, en l'état de l'ordonnance réglementaire du 15 novembre 1846, la question ne peut plus être controversée.

L'entrée, le stationnement et la circulation dans les gares sont réglés par des arrêtés de préfet, approuvés par le ministre des travaux publics. [1]

La sanction des mesures à prendre pour l'entretien de la voie appartient également au ministre. [2]

Comme celles relatives à l'exploitation. [3]

Les moindres détails concernant la police sont prévus et réglementés par cette ordonnance. Et, pour les objets

[1] Art. 1er de l'ord. régl. du 15 nov. 1846.
[2] Art. 2, 3, 4, 5 et 6 même ord.
[3] Art. 7 et suiv. même ord.

au sujet desquels il y aurait encore des mesures à prendre, le ministre ou le préfet sont chargés de ce soin.
Les attributions des préfets, lorsque le chemin traverse
plusieurs départements, sont centralisés entre les mains
du préfet de l'un des départements traversés.

L'exécution est confiée à des commissaires, des ingénieurs, conducteurs et gardes des ponts-et-chaussées et
des mines, à des commissaires spéciaux de police et
leurs agents.

Je ne crois pas, pour cela, qu'il ait été dérogé au
droit qu'ont les maires comme officiers de police auxiliaires, la création de nouveaux agents n'emporte pas
abrogation des dispositions du Code d'instruction criminelle, mais si le maire peut intervenir dans certains
cas, comme officier de police auxiliaire, pour constater
un crime ou un délit, ce ne sera pas, comme fonctionnaire chargé de la petite voirie, pour prendre des arrêtés
permanents. D'après la législation nouvelle, le maire,
comme agent de l'administration, n'a d'autre soin que
celui de coter et parapher les registres qui doivent être
tenus dans chaque station, pour que les voyageurs puissent consigner les plaintes qu'ils auraient à faire. [1]

Aussi je n'insiste pas d'avantage sur cette question,
je prévois seulement une objection que l'on pourrait me
faire.

Le préfet de police, chargé à Paris de la petite voirie, a pris notamment les 6 septembre 1839, 8 sep-

[1] Art. 76 de l'ord. régl. du 15 nov. 1846.

tembre 1840, 19 septembre 1840, 29 avril et 3 mai 1843,
des arrêtés concernant des mesures de police relatives
à la sûreté et à la commodité du passage sur les chemins
de fer qui partent de Paris. Il faut remarquer d'abord
que ces arrêtés ne sont que la reproduction du règlement du ministre des travaux publics, qu'ils n'en sont,
dès-lors, en quelque sorte, que la notification au public,
ce qui ne peut présenter aucun caractère d'illégalité ni
d'attribution de pouvoir. Il est évident qu'on ne peut
contester le même pouvoir au maire, si son exercice se
borne à rappeler les citoyens à l'exécution des lois et
des règlements, mais là encore ce n'est point le fonctionnaire chargé de la petite voirie qui intervient.

Il faut, d'ailleurs, remarquer que ce que l'on appelle
à Paris la grande et la petite voirie, par opposition aux
attributions du préfet de la Seine et du préfet de police,
n'est pas du tout ce que l'on appelle la grande et la
petite voirie dans les départements, et que l'on place : la
première dans les attributions des préfets, la seconde
dans les attributions des maires. On ne peut dès-lors
conclure de ce qu'une matière est placée sous le pouvoir
réglementaire du préfet de police, à Paris, qu'elle se
trouve sous le pouvoir des maires dans les départements.
Au surplus, l'ordonnance réglementaire du 15 novembre 1846, rendue en exécution de l'article 9 de la loi
du 11 juin 1842 et de la loi du 15 juillet 1845, aurait
modifié cette assimilation en ces matières, en attribuant
au préfet de police, à Paris, des matières dont elle in-
vestissait les préfets dans les départements. C'est ainsi
qu'elle a confié à l'un et aux autres ce qui concerne la

police des chemins de fer, les mesures relatives à leur exploitation, leur sûreté, leur circulation.

L'article 72 de l'ordonnance du 15 novembre **1846** porte, en effet :

« Les attributions données aux préfets des départements par la présente ordonnance seront, conformément à l'arrêté du 3 brumaire an IX, exercées par le préfet de police dans toute l'étendue du département de la Seine et dans les communes de Saint-Cloud, Meudon et Sèvres, département de Seine-et-Loire. »

Est-il dès-lors possible de conclure que, dans ces matières, les maires aient dans les départements, comme officiers de la petite voirie, les attributions confiées, à Paris, au préfet de police.

ARTICLE II.

Sont applicables aux chemins de fer les lois et règlements sur la grande voirie, qui ont pour objet
d'assurer la conservation des fossés, talus, levées
et ouvrages d'arts dépendant des routes, et d'interdire sur toute leur étendue le pacage des bestiaux
et les dépôts de terre et autres objets quelconques.

—

SOMMAIRE

24.— L'article 2 est conçu dans des termes généraux qui ont été l'occasion d'observations critiques à la
Chambre des pairs ; on aurait voulu qu'il indiqua quels
étaient les lois et règlements de grande voirie qu'il dé-
clarait applicables aux chemins de fer. Pour répondre

à ce reproche, M. le marquis de Barthélemy, dans la séance du 2 avril 1844, avait proposé une rédaction où se trouvaient désignés les actes des 27 février 1765 sur les alignements, 9 ventôse an XIII et 16 décembre 1811 sur les plantations, 4 août 1751, 16 décembre 1759 et 29 floréal an X sur la conservation des routes, 14 mars 1741, 5 avril 1772, 21 avril 1810 sur les mines et carrières. Mais cette rédaction, qui n'avait pas même l'approbation de son auteur, fut rejetée à la fois comme inopportune, comme incomplète et comme préjugeant des questions d'abrogation dont l'examen devait être laissé à l'appéciation des tribunaux. Il est résulté de là que toutes les lois sur la grande voirie, relatives aux objets énumérés dans notre article 2, sont applicables aux chemins de fer. [1]

Nous avons déjà eu occasion d'examiner ces règlements dans notre *Traité sur les servitudes de voirie;* pour ne pas nous copier, nous ne pouvons que renvoyer à ce traité.

25. — La défense relative au pacage des bestiaux, sur laquelle je crois devoir revenir, résulte des dispositions de l'arrêt du Conseil du 16 décembre 1759 ; cette défense s'applique non-seulement au sol du chemin, mais

---

[1] En vertu de cette disposition, le conseil d'État, le 29 mars 1851 (Chabanne et Drevet), a décidé que lorsque des riverains d'un chemin de fer ont établi un passage, à l'aide de ponceaux en bois, sur les fossés d'un chemin de fer, ils ont commis une contravention de grande voirie, prévue par l'ordonnance du 4 août 1751, et qu'il appartient aux conseils de préfecture de réprimer.

encore aux fossés, talus, levées et ouvrages dépendant des routes.

Outre les dégradations qui résultent du pacage des troupeaux, leur introduction sur les voies de fer et leurs dépendances peut être excessivement dangereuse pour la sûreté même de ces voies; aussi l'article 68 de l'ordonnance réglementaire du 15 novembre 1846 dispose que « les chevaux et bestiaux abandonnés, qui seront trouvés dans l'enceinte du chemin de fer, seront saisis et mis en fourrière. »

En Allemagne, les lois sur la police des chemins de fer ont apporté leur sollicitude sur les dégâts et les dangers qui résultent pour ces voies de l'introduction des bestiaux sur leurs bords; les articles 6 et 7 de l'ordonnance de police d'août 1840, concernant le chemin de fer de Brunswick à Harzbourg portent défense de mener les troupeaux sur la voie, les talus et fossés, à peine d'une amende qui peut atteindre 10 écus, d'un emprisonnement qui peut durer 15 jours et d'indemnité, s'il y a lieu; le règlement de police du 30 août 1839, pour le chemin de fer bavarois de Munich à Augsbourg, menace d'une peine sévère ceux qui conduiraient les bétails pâturer près des chemins de fer, sans qu'ils soient suffisamment surveillés par les gardes.

26. — Non-seulement notre loi a veillé à ce qu'on ne déposa rien sur la voie du chemin de fer qui pût compromettre la sûreté de la circulation, à ce que les bestiaux en fussent sévèrement écartés, mais encore l'ordonnance du 15 novembre 1846, rendue en exécution de cette loi, a défendu à toute personne étrangère au service du chemin de fer de s'introduire dans leur enceinte, d'y circuler et stationner. Les riverains, notamment, doivent considérer cette prohibition comme absolue, ils ne peuvent la violer impunément, sous prétexte que la voie de fer, séparant leur héritage en deux portions, peut être empruntée pour leur permettre de se rendre plus promptement d'une partie dans l'autre, ou les conduire plus directement à une voie publique de terre. Il a été jugé, le 24 juin 1850, par la cour de Montpellier, qu'il n'était permis à personne, pas même au directeur du chemin de fer, à un chef de gare ou au commissaire de police, d'accorder à qui que ce fût une permission contraire à cette défense.

27. — Notre article 2, en prescrivant l'application des règles de la grande voirie aux contraventions qu'il prévoit, ne fait pas obstacle à l'application des peines plus sévères édictées, par le titre III de la loi du 15 juillet 1845, le Code pénal ou toute autre loi pénale, contre ceux qui, en commettant une contravention, se rendent en même temps, coupables d'un crime ou d'un délit; cela se réalise, par exemple, lorsque, pour introduire un troupeau, on brise des clôtures, lorsque les dépôts de terre occasionnent des accidents, etc.

28. — Au surplus, nous reviendrons sur ces questions et sur celles relatives au cumul des peines dans notre commentaire sur l'article 11.

ARTICLE III.

Sont applicables aux propriétés riveraines des chemins de fer les servitudes imposées par les lois et règlements sur la grande voirie et qui concernent :

L'alignement ;

L'écoulement des eaux ;

L'occupation temporaire des terrains en cas de réparation ;

La distance à observer pour les plantations et l'élagage des arbres plantés ;

Le mode d'exploitation des mines, minières, tourbières, carrières et sablières, dans la zone déterminée à cet effet.

Sont également applicables à la confection et à l'entretien des chemins de fer, les lois et règlements sur l'extraction des matériaux nécessaires aux travaux publics.

—

SOMMAIRE.

29. — L'article 3 est un des articles de la loi de 1845 qui présente le plus d'importance pour nous; aussi le commenterons-nous avec quelques développements. Toutefois, pour éviter des redites, je serai dans le cas de renvoyer souvent aux *Études sur les servitudes de voirie*, où j'ai eu à poser plusieurs principes dont il n'y a qu'à faire l'application aux riverains des voies de fer.

30. — Je rappelle d'abord la première observation que je présentais à la suite de l'article 2, en ce qui concerne l'indication des règlements de grande voirie, applicables aux chemins de fer; il résulte de la discussion et du rejet d'une rédaction proposée par M. le marquis de Barthélemy à la Chambre des pairs, que toutes les lois de grande voirie, relatives aux objets énumérés dans notre articles 3, sont applicables aux chemins de fer.

31. — Cette règle est applicable notamment à l'alignement. La commission de la Chambre des pairs voulait que l'on s'en référât au Code civil pour régler le régime des constructions établies le long des chemins de fer. Un chemin de fer, pour elle, était un simple

voisin. M. le marquis de Barthélémy, dans la séance
du 50 mars 1844, [1] combattit vivement un pareil système ; s'emparant d'une disposition subséquente, admise par la commission, il disait à la Chambre : Vous
ne voulez pas que l'on fasse des dépôts de pierres à
dix mètres de la voie, et vous voulez suivre le Code
civil pour régler des constructions qui peuvent avoir
sept étages, des constructions qui peuvent avoir une
longue durée, alors que les tas de pierres ne sont que
temporaires. Ce même pair voulait qu'on ne pût autoriser des constructions qu'à deux mètres en dehors
de l'arête extérieure du chemin de fer. Cette charge
n'avait rien d'exagéré en ces matières, si on considère
qu'en Belgique la loi du 15 avril 1843, article 1er, exige
que l'on laisse 8 mètres à partir de la ligne divisoire du
chemin de fer d'avec la propriété riveraine, avec faculté
toutefois, pour le gouvernement, d'autoriser la diminu-
tion de cette distance. Ce système ne fut pas adopté. On
se contenta ici, et sauf ce qui sera dit en l'article 5,
d'appliquer les règles générales concernant l'alignement
en matière de grande voirie.

32. — Dans une des rédactions proposées à la
chambre des pairs, [2] on avait indiqué par leurs dates
les règlements de grande voirie applicables en ces matières, et, pour l'alignement, il n'était fait mention que
de l'arrêt du 27 février 1765. Je dois ajouter même que,
sur l'observation présentée par M. Daru que, outre le

[1] *Moniteur* du 31.
[2] Séance du 2 avril 1844, *Moniteur* du 3, pag. 825.

règlement de 1765, il en existait d'autres, notamment à la date de 1604 et 1693, le sous-secrétaire d'Etat au département des travaux publics répondit qu'on n'en appliquerait qu'un. Toutefois, comme le caractère limitatif du projet présenté à la Chambre des pairs a été repoussé et qu'on a voulu ne préjuger aucune question d'abrogation pour réserver aux tribunaux leur entière et libre appréciation, il faut tenir que tous les règlements faits sur l'alignement en matière de grande voirie, et non abrogés, sont applicables aux chemins de fer. Aucun des anciens règlements sur la voirie ne présente un ensemble complet de législation sur la matière, chacun d'eux était destiné à remplir des lacunes que le temps faisait successivement découvrir ; du moment où l'on s'en rapportait à ces règlements, il fallait bien admettre l'ensemble de l'ancienne législation, et l'on ne pouvait se borner à l'application d'un seul des actes qui la composaient.

33. — L'obligation principale qui résulte des anciens règlements sur la voirie et de leur application aux riverains des chemins de fer, est, pour ces derniers, de rapporter une autorisation de bâtir et un alignement, avant de faire aucune construction ni réparation dans les lieux bordant les voies de fer. [1]

---

[1] Pour l'intelligence des règlements sur lesquels se fonde ce principe en matière de grande voirie, voy. *Servitudes de voirie*, nos 11, 12 et 13. Quant à la fixation, les limites où s'arrête, aux abords des chemins de fer, l'obligation de rapporter l'alignement, voy. *infra*, le commentaire sur l'article 5.

34. — C'est au préfet à délivrer l'alignement pour construire le long d'un chemin de fer; c'est donc à ce fonctionnaire que doivent être adressées toutes les demandes formées pour obtenir et l'alignement et la permission de construire. Cette règle est la conséquence des lois qui ont attribué aux préfets le soin de délivrer l'alignement en matière de grande voirie,[1] elle résulte de l'ensemble des dispositions de la loi du 15 juillet 1845 et de l'ordonnance réglementaire du 15 novembre 1846. Toute permission et tout alignement délivrés par un autre fonctionnaire devraient être considérés comme non advenus, et les personnes qui les auraient obtenus et auraient agi en vertu de ces actes illégaux seraient dans la même position que si elles avaient agi sans accomplir aucune formalité.[2]

Les arrêtés pris par les préfets, en matière d'alignement le long des chemins de fer, ne sont pas subordonnés à l'approbation du ministre des travaux publics. Dès-lors les particuliers, sans provoquer ni attendre cette approbation, peuvent user immédiatement des autorisations qui leur ont été conférées. L'orsqu'après l'achèvement des constructions faites en vertu de l'arrêté préfectoral et conformément à cet arrêté, le ministre des travaux publics annule l'acte du préfet, la décision du ministre, quelle que soit son autorité, ne saurait avoir pour effet d'imprimer à cette construction,

[1] *Servitudes de voirie*, nos 32 à 46.
[2] *Sic* pour les voies de terre, *Servitudes de voirie*, n° 39. Le même principe est développé nos 56 et suiv.

régulièrement faite avant cette décision, le caractère d'une contravention de grande voirie, et les tribunaux administratifs ne pourraient, ensuite de la décision ministérielle, ordonner la suppression de ces mêmes constructions. [1]

35. — Les peines encourues par ceux qui contreviennent aux règles sur l'alignement sont, suivant les cas, l'amende et la démolition, ou l'amende seule.

La quotité de l'amende est établie par l'article 11 de la loi du 15 juillet 1845, qui punit de 16 à 300 fr. ceux qui ont commis une des contraventions prévues au titre premier de cette loi. Ce n'est donc point l'amende fixée par les anciens règlements qui doit être appliquée, la nouvelle loi spéciale aux chemins de fer ayant statué sur ce point. Toutefois, il y a toujours lieu de s'appuyer sur les anciens règlements et sur l'article 161 du Code d'instruction criminelle pour prononcer la démolition dans les cas où elle doit être ordonnée.

36. — Au surplus, pour tout ce qui concerne l'alignement, l'obligation de le rapporter, la manière de le demander, sa délivrance, la durée de la permission,

[1] Cons. d'Etat, 16 avril 1851 (dame Délier), dans le *Recueil des arrêts du conseil*, et dans le *Recueil des lois et arrêts* de Sirey, 1851, 2, 573; — *Sic*, en matière de petite voirie pour les arrêtés pris par le maire et exécutés, C. cass., 16 avril 1856 (Laurey Gautherin); — Circ. du min. de l'intérieur, du 1er juillet 1840, rapportant un avis conforme du conseil d'Etat; — *Servitudes de voirie*, n° 62. *Quid*, si les constructions n'étaient que commencées au moment où l'arrêté pris par le préfet ou le maire est réformé? Voy. *Servit. de voirie*, n°s 62 et 198.

la constatation des contraventions, leur poursuite, leur répression, l'exécution des condamnations et les questions d'indemnité qui peuvent naître en matière d'alignement, voyez la première partie du *Traité sur les servitudes de voirie*, chapitre 1er, nos 1 à 230, tome 1, pages 1re à 364, et plus bas, le commentaire sur l'article 11 de notre loi.

37. — D'après l'article 3, les servitudes établies sur les propriétés riveraines des voies de terre, par les lois et règlements sur la grande voirie, concernant l'écoulement des eaux, sont applicables aux riverains des chemins de fer.

Si cette servitude n'avait pas toujours existé en matière de voirie, elle aurait dû être établie en faveur des chemins de fer. Il était urgent d'assurer l'écoulement des eaux ; il fallait préserver le chemin d'une humidité qui pourrait, en amenant des affaissements de terrains, compromettre la sûreté de la voie de fer et qui, dans tous les cas, amènerait promptement la détérioration des pièces de bois placées sur la voie pour soutenir les rails.

La législation anglaise donne aux compagnies concessionnaires de chemin de fer le pouvoir de faire sur les terres voisines tous les travaux nécessaires pour assurer l'écoulement des eaux et maintenir la voie dans le meilleur état d'assèchement possible.[1]

[1] 8 Vict., cap. 20, § 16 (8 mai 1845) ; — W. Hodges, *The Law relating to railways* (London, 1847), pag. 347 et *app.*, pag. 162.

En France, on s'est borné à rendre applicables aux riverains des chemins de fer les règles posées par l'article 6 de l'ordonnance du bureau des finances, du 29 mars 1754, reproduites par l'article 8 de l'ordonnance du même bureau, du 17 juillet 1781. Ce dernier acte se complète par divers règlements auxquels il renvoie. Ce sont les ordonnances des 3 février 1841, 22 juin 1751, 29 mars 1754 et 30 avril 1772.

D'après ces divers règlements, aujourd'hui en vigueur,[1] les riverains des routes sont obligés de recevoir les eaux qui en découlent, et ils ne peuvent rien faire qui entrave cet écoulement.[2]

On s'est étonné que la loi de 1845 eût déclaré applicables aux chemins de fer les servitudes imposées par les lois et règlements sur la grande voirie, concernant l'écoulement des eaux. Suivant M. Husson,[3] ces règlements se bornent à faire défense aux propriétaires, dont les héritages sont plus bas que les chemins et en reçoivent les eaux, d'en interrompre le cours, soit par l'exhaussement, soit par la clôture de leurs terrains ; mais cette disposition ne se rapporterait qu'à un état de choses existant pour les routes créées à la surface du sol et non à celui qui résulterait des modifications apportées par l'administration. On ne saurait donc,

---

[1] La Cour de cass. et le cons. d'Etat l'ont fréquemment proclamé. C'est l'avis de MM. Cotelle, Davenne, Daubanton, Dufour, Proudhon, Tarbé, et voy. *Servitudes de voirie*, n°s 7, 18 et 508.

[2] Voy. *Servitudes de voirie*, t. II, n°s 508 et suiv.

[3] Husson, *Traité de la légis. des trav. publics et de la voirie*, 1850, pag. 571, note.

d'après cet auteur, assujettir à l'écoulement des eaux provenant des talus de chemins de fer, les terres placées en contre-bas de ces chemins, par suite de remblais opérés pour leur établissement. Cette opinion, qui se fonde sur l'application des règles générales de droit, posées par l'article 640 du Code Napoléon, pour régler les droits et obligations des propriétaires de deux héritages voisins, ne nous paraît pas juste en matière de voirie. Le droit d'écoulement des eaux établi sur les propriétés riveraines, en faveur des routes, ne se puise pas dans les règles de droit commun sur les servitudes. Le riverain est tenu de recevoir les eaux malgré les modifications que la viabilité des routes rend nécessaires, et il n'a pas plus à se plaindre de ce que, dans un intérêt de voirie, on élève une chaussée qui borde son champ, qu'il n'aurait droit de demander que l'on modifiât le mode d'entretien des routes, parce que celui qui est actuellement suivi empêche le sol qui leur est consacré d'être perméable et d'absorber, en grande partie, les eaux pluviales.[1]

M. Husson dit, au surplus, que les anciens règlements relatifs à l'écoulement des eaux ne sont applicables qu'à la généralité de Paris, à quoi je réponds que

---

[1] *Servitudes de voirie,* n° 508. Toutefois, comme je l'ai fait observer dans le *Traité sur les servitudes de voirie,* n° 509, cette servitude n'autorise pas les agents de l'administration à réunir les eaux des routes sur une très grande étendue et à les conduire toutes sur l'un des héritages voisins. Pour exercer un pareil droit sans indemnité, il faudrait avoir acquis une servitude spéciale sur ce voisin.—Dufour, *Droit adm.,* n° 2899 ; — Cotelle, *Droit adm. app. aux trav. public,* t. III, n° 224, § 7.

diverses lois, rendues au commencement du xixe siècle, notamment celle des 19-22 juillet 1791, en confirmant provisoirement les règlements qui subsistaient touchant la voirie, les admettaient comme loi générale et les sanctionnaient pour toute la France, comme je l'ai établi ailleurs. [1]

58. — La législation anglaise permet aux compagnies de chemin de fer d'occuper temporairement les terres riveraines, lorsque cela est nécessaire soit pendant l'établissement des voies, soit après leur achèvement. La loi, toutefois, à fixé la zone des terres riveraines soumises à cette servitude, et elle en a excepté les jardins, avenues, lieux clos, plantations d'agrément et voisinages des habitations. Elle a exigé de plus que les propriétaires fussent avertis trois semaines à l'avance, et elle leur a reconnu le droit à une indemnité qui ne doit pas être préalable. Après l'achèvement des travaux, s'il est nécessaire d'occuper temporairement les terres riveraines pour prévenir des accidents ou réparer

[1] *Servitudes de voirie*, n° 8 ; — *Sic,* Dufour n°s 1180 et 2949 ; — Doyat, *Ann. des ponts-et-chaussées*, année 1859 (Mémoires), pag. 105 ;— Cotelle, *Droit adm.*, n° 4, §§ 14 et suiv.; n° 150, §§ 16 et suiv.; n° 210, §§ 9 et 10 ; n° 216, et *Ann. des ponts-et-chaussées*, 1837 (Mémoires), pag. 527 ; — de Cheppe, *Ann. des mines*, année 1858 ; — cons. d'Etat, 23 fév. 1837 (Voitot); 19 avril 1844 (Villard); 11 avril 1848 (Pollouet), et les arrêts de la C. de cass. des 1er fév. 1850 (Bourdrel); 26 juil. 1853 (même aff.); 30 août 1853 (Guerlin-Houel); 20 sept. 1845 (Michelini) ; 14 déc. 1846 (même affaire), etc. Il y a cependant des Cours et des Conseils de préfecture qui avaient adopté l'avis contraire.

le chemin, l'occupation ne peut avoir lieu qu'après l'avis de la *Board of trade*.[1]

Les règles sur l'occupation temporaire édictées pour les riverains des grandes routes, en France, sont applicables aux riverains des chemins de fer; notre article le dit formellement.

En conséquence, lorsqu'il est nécessaire, pour les travaux à faire à la voie de fer, d'occuper temporairement les terres riveraines, il n'est pas nécessaire de recourir à une expropriation pour cause d'utilité publique, les terrains occupés temporairement restant toujours la propriété de leur possesseur au moment de l'occupation et la jouissance seule en étant momentanément modifiée.[2] Il suffit que cette occupation ait été autorisée administrativement par le préfet et que le propriétaire ait été préalablement averti. En cas de difficultés sur l'interprétation des arrêtés préfectoraux en ces matières, il faut en référer à l'autorité administrative.[3]

Le préfet est juge de la nécessité de l'occupation, et

---

[1] William Hodges, *The law relating to railways*, pag. 92, 145, 165 et 176 ; 5, 6 Vict. (30 juil. 1842), cap. 55, § 14 ; 8 Vict. (3 mai 1845), cap. 20, § 92.

[2] Ainsi jugé par le conseil d'Etat, le 24 déc. 1845, à l'occasion de terrains occupés par la compagnie du chemin de fer de Rouen au Hâvre.

[3] C'est ce qu'a jugé le conseil d'Etat, le 24 déc. 1845, au rap. de M. Boulatignier, à l'occasion de deux arrêtés du préfet de la Seine-Inférieure, qui avaie t autorisé la compagnie du chemin de fer de Rouen au Hâvre à occuper des terrains appartenant au sieur Dauphin Vavasseur.

on n'a pas besoin de justifier de l'urgence pour qu'il y ait lieu à autorisation.

Le terrain occupé peut ne pas être remis dans son état primitif ; la modification qu'il a éprouvée doit seulement être prise en considération dans le règlement de l'indemnité.[1] L'indemnité, en cas de difficulté, est réglée par le Conseil de préfecture.[2]

Si les terrains avaient été occupés par suite de conventions particulières ou par suite d'une voie de fait, sans que l'administration fût intervenue pour les désigner, il s'agirait d'apprécier des conventions privées ou de réprimer des voies de fait, et ce serait aux tribunaux et non aux conseils de préfecture à connaître de la difficulté. C'est ce qu'a jugé le conseil d'Etat dans l'espèce que voici : Le sieur Rigault avait formé une demande en dommages-intérêts devant le tribunal de Versailles, en se fondant sur ce que la compagnie du chemin de fer de Versailles (rive gauche) avait occupé des terrains dont il était fermier, pour y déposer des matériaux. Le tribunal, le 8 mars 1859, se déclara incompétent, sur le motif que le propriétaire avait tacitement consenti à cette occupation et que le règlement de l'indemnité rentrait dans les attributions du conseil de préfecture. Rigault ayant saisi les tribunaux administratifs de la connaissance de l'affaire, le conseil de pré-

[1] Cons. d'Etat, 8 janv. 1847 (Reig).
[2] Les règles que je viens de poser sont développées dans le *Traité sur les fouilles etc.*, dont la 2ᵉ édition a été publiée en 1851, sous le titre de *Dommages causés à la propriété privée par les travaux publics,* nᵒˢ 41 à 49, et dans le *Traité sur les serv. de voirie,* t. II, nᵒˢ 553 à 563.

fecture, le 12 décembre 1845, se déclara incompétent, en se fondant sur ce que l'occupation avait eu lieu par suite d'arrangements amiables consentis entre la compagnie et le propriétaire, et nullement en exécution d'une désignation faite par l'administration. Il résultait de ces deux décisions un conflit négatif qui fut vidé par une ordonnance du 15 juin 1847, au rapport de M. Mottet. Cette ordonnance porte : « Considérant que les terrains sur lesquels ont été effectués les dépôts de matériaux n'ont pas été désignés par l'administration ; que, dès-lors, soit que le sieur Rigault, fermier des terrains temporairement occupés, considère les entreprises dont il se plaint comme constituant des voies de fait, soit qu'il ait existé, entre lui et la compagnie, des conventions verbales, c'est aux tribunaux qu'il appartient de régler l'indemnité qu'il réclame. »

39. — En ce qui concerne la distance à observer pour les plantations et l'élagage des arbres plantés, il faudra encore appliquer aux propriétés riveraines des chemins de fer les servitudes imposées par les lois et règlements sur la grande voirie.

40. — La loi Belge, du 15 avril 1843, article 1er, ne permet aux riverains des chemins de fer de faire des plantations sur leurs propriétés qu'à la distance de 20 mètres des franc-bords des chemins de fer, pour ce qui concerne les arbres à haute tige, et 6 mètres pour les tétards, et autres arbres.

41. — En France, la commission de la Chambre voulait qu'on s'en tînt aux prescriptions du droit commun, telles qu'elles ont été écrites dans les articles 671 et suivants du Code Napoléon. La distance se trouvait ainsi fixée à **2** mètres de la ligne séparative, pour les arbres à haute tige, et à la distance d'un demi-mètre, pour les autres arbres et les haies vives. Le propriétaire restait libre de choisir l'espèce des arbres et de les tailler et diriger comme il le jugerait convenable.

Ce système fut fortement combattu par M. Legrand, commissaire du roi. « Le riverain, disait-il,[1] pourra choisir l'essence des arbres, il pourra planter des arbres dont les branches s'étendront en longueur vers le chemin de fer; il pourra les placer aussi près les uns des autres qu'il le voudra et former un rideau impénétrable qui interceptera la circulation de l'air; enfin, il n'élaguera ses arbres qu'alors qu'il lui plaîra. Dans le système de l'amendement, qui n'est autre chose que le régime actuel des plantations sur le bord des routes de terre, l'administration pourra prescrire l'essence des arbres, elle fixera l'intervalle qui devra les séparer, de manière à permettre l'assèchement de la voie. Elle pourra faire élaguer des plantations à des époques périodiques. S'il est utile de favoriser l'assèchement d'une route de terre, il ne l'est pas moins de favoriser celui d'un chemin de fer. L'humidité de la voie peut hâter la décomposition

---

[1] Séance du 1er avril 1844, *Moniteur* du 2, pag. 808 ; — voy. dans le *Moniteur* les observations de M. le marquis de Barthélemy, à la séance du 30 mars de la Ch. des pairs (*Moniteur* du 31 mars 1844).

des traverses, et l'affaissement du sol peut à son tour, en produisant l'affaissement des rails, devenir une cause d'accident. Il nous paraît donc essentiel de maintenir pour les chemins de fer le régime des plantations des routes de terre. »

42. — C'est ce qui fut fait. Les dispositions des anciens règlements et les dispositions de la loi du 9 ventôse an XIII, du décret du 16 décembre 1811 et de la loi du 12 mai 1825, en ce qui concerne la distance à observer pour les plantations et l'élagage des arbres plantés, ont été rendus applicables aux riverains des voies de fer.

Il en résulte que les riverains de ces voies ne peuvent planter sur leurs terrains à moins de 6 mètres de la route, sans en demander et obtenir l'autorisation du préfet. Cette obligation s'étend à toute espèce de plantations. La loi du 9 ventôse an XIII, article 5, seule applicable, à l'exclusion de l'article 671 du Code Napoléon notamment, ne faisant pas de distinction entre les essences et la hauteur des arbres qu'elle défend de planter sans autorisation, la prescription s'applique aussi bien aux arbres de haute futaie qu'à de simples haies vives.[1] L'administration se trouve ainsi appelée à déterminer l'essence des arbres qu'elle autorisera à planter. Tous les droits que lui donnent les règlements de grande voirie, concernant l'élagage, restent maintenus.[2]

[1] M. Gand, n° 59.
[2] M. Gand, n° 60.

43. — Dans la première partie du *Traité sur les servitudes de voirie*, j'ai fait observer [1] que les riverains des grandes routes pouvaient être forcés à effectuer eux-mêmes des plantations sur les bords des routes. Cette prescription formelle se trouve notamment dans l'article 1er de la loi du 9 ventôse an XIII. Une pareille obligation n'existe pas pour les riverains des chemins de fer. Les motifs de l'appliquer ne subsistent plus ici. Il est inutile de planter des arbres pour assurer les limites des chemins de fer, ces limites sont assurées par des barrières et clôtures imposées par la loi. Il est encore plus inutile de planter des arbres aux abords des chemins de fer pour fournir aux voyageurs une ombre salutaire pendant l'été et pour leur indiquer leur route lorsque, pendant l'hiver, la neige couvre la terre. Aussi notre article 3 n'applique-t-il aux propriétés riveraines des chemins de fer que les servitudes concernant la *distance à observer pour les plantations et l'élagage des arbres plantés*, et nullement les servitudes concernant l'obligation de planter des arbres. Si une rédaction si précise pouvait laisser des doutes, ils seraient dissipés par ce qu'on lit dans le premier rapport de M. Chasseloup-Laubat [2] et dans l'exposé du ministre des travaux publics, à la Chambre des pairs.[3] Aussi ce point ne présente aujourd'hui aucune difficulté sérieuse.[4] Les plan-

---

[1] *Servitudes de voirie*, t. II, nos 474 et suiv.
[2] *Moniteur* du 25 juin 1844, pag. 1900.
[3] Séance du 15 fév. 1845, *Moniteur* du 15, pag. 354.
[4] M. Gand, n° 60; — Rebel et Juge, n° 573; — Jousselin, t. II, pag. 380; — Husson, *Légis. de trav. publics*, 2e éd., pag. 572, note.

tations sur le bord des chemins de fer, lorsqu'elles sont
jugées utiles, sont imposées aux compagnies concessionnaires.[1]

44. — Le but principal de l'essartement prescrit
par les anciens règlements, est d'empêcher que les
voyageurs ne puissent être la victime de gens mal inten-
tionnés qui, en se cachant au milieu des arbres et des
broussailles, trouveraient un moyen facile de surpren-
dre ceux qui fréquentent les routes. [2] La rapidité de
la marche des wagons et la surveillance continue qui
s'exerce sur les chemins de fer rendent de pareilles
précautions inutiles pour les chemins de fer. Aussi
notre article ne mentionne-t-il pas l'essartement parmi
les servitudes de grande voirie imposées aux riverains
des chemins de fer, et tout le monde a reconnu que
cette servitude ne leur était pas applicable.[3]

45. — Les règlements sur la grande voirie concernant le mode d'exploitation des mines, minières, tour-

[1] Voy. *infra* le commentaire sur l'article 4 et les divers cahiers de
charge des compagnies concessionnaires, notamment l'article 26 du
cahier des charges joint à la loi du 15 juil. 1845, sur le chem. de fer
du Nord.

[2] Voy. *Servitudes de voirie*, t. II, n° 516.

[3] Rapport de M. Chasseloup-Laubat, à la Ch. des députés (*Moniteur*
du 23 juil. 1844, pag. 1900); — Déclaration du minist. des trav. publics
à la Ch. des pairs, séance du 1er avril 1844 (*Moniteur* du 2, pag. 811,
3e col.); — *Servitudes de voirie*, t. II, n° 519; — Gand, n°s 56 et 58; —
Rebel et Juge, n° 575; — Husson, *Traité de légis. des trav. publics*,
2e éd., pag. 572, note.

bières, carrières et sablières dans la zone déterminée à cet effet, sont applicables aux riverains des chemins de fer. Il résulte de la discussion de la loi devant la Chambre des pairs, que parmi ces règlements il faut surtout comprendre les arrêts du Conseil des 14 mars 1741 et 5 avril 1772, la loi du 21 avril 1810, et les divers règlements spéciaux concernant l'exploitation des carrières et sablières, mines, minières et tourbières.[1]

46. — Il résulte de ces divers documents que les distances à observer pour les puits et excavations sont de 5, 10, 30 et 32 toises, suivant les cas.

La distance est de 30 toises (58 m. 47), qui doivent être comptées du bord extérieur des fossés, si la voie a des fossés; elle est de 32 toises, qui doivent être comptées du bord extérieur de la route, si elle n'a pas de fossés.

Dans les pays et pour les cas où le décret du 22 mars 1823 est applicable, en suite des dispositions qu'ont pu prendre les autorités en vertu de ce même décret, la distance à observer de chaque côté des chemins sera de 10 mètres seulement, si l'exploitation a lieu à ciel ouvert, et de 20 mètres si elle a lieu par puits, plus, dans ce cas, une distance en raison de l'épaisseur de la couche de terre placée au-dessus de la masse exploitée.[2]

[1] Séances des 1er et 2 avril 1844 (*Moniteur* du 2, pag. 811, 3e col. et *Moniteur* du 3, pag. 823, 2e col.).
[2] *Servitudes de voirie*, n° 540.

47. — M. Gand,[1] au lieu d'indiquer ces distances, propose d'adopter la distance de 100 mètres, édictée par l'article 11 de la loi du 21 avril 1810. Cet article porte : « nulle permission de recherches ni concession de mines ne pourra, sans le consentement formel du propriétaire de la surface, donner le droit de faire des sondes et d'ouvrir des puits ou galeries, ni celui d'établir des machines ou magasins dans les enclos murés, cours, jardins, ni dans les terrains attenant aux habitations ou clôtures murées, dans la distance de 100 mètres desdites clôtures ou des habitations. » Or, tout chemin de fer devant être clos, d'après l'article 4 de la loi du 15 juillet 1845, M. Gand en conclut que tout chemin de fer doit être défendu par cette disposition. Il est à remarquer, comme je l'ai fait observer ailleurs,[2] que les anciens règlements en ces matières, sauf quelques modifications apportées par des règlements locaux, sont encore en vigueur. Ces règlements qui ont, en effet, pour but de pourvoir à un intérêt de voirie, ont été confirmés par les lois de la révolution. Les lois postérieures sur les mines et les carrières ont été rendues dans un but d'économie politique pour assurer nos possessions métallurgiques, et nullement dans un intérêt de voirie. La disposition de l'article 11, destinée à sauvegarder, contre toute concession et toute exploitation de mines, les domiciles des citoyens et les lieux qui les entourent, n'a également point été édictée dans un inté-

---

[1] *Traité de la police et de la voirie des chem. de fer*, n° 65.
[2] *Servitudes de voirie*, n° 539.

rêt de voirie. Lorsque la loi du 15 juillet 1845 a rendu applicable aux riverains des chemins de fer les servitudes imposées par les lois et règlements sur la grande voirie, concernant le mode d'exploitation des mines, minières, etc., dans la zone déterminée à cet effet, elle n'a pu placer les riverains sous l'application de l'article 11 de la loi de l'an x. Au surplus, cet article, d'après son texte même, serait inapplicable à la plupart des chemins de fer, car la prohibition n'est édictée qu'au profit des habitations et clôtures *murées*, et les chemins de fer, généralement, ne sont point clos de murs. Il faut dès-lors s'en tenir aux dispositions des anciens règlements que je citais tantôt.

La loi Belge, du 15 avril 1843, sur la police des chemins de fer, se borne, dans l'article 2, à défendre d'ouvrir, sans l'autorisation du gouvernement, des sablières ou des carrières et minières à ciel ouvert, le long des chemins de fer, dans la distance de 20 mètres.

48. — La prohibition qui, d'après les anciens règlements, pèse sur les propriétés riveraines des voies publiques et les empêche de faire, pour l'exploitation des mines ou minières, des excavations à une certaine distance des routes, ne peut servir de base à une indemnité, alors même que l'exploitation motivant l'ouverture de ces puits serait antérieure à l'établissement de la route. [1]

---

[1] Dumay sur Proudhon, *Dom. public*, t. II, pag. 777; — Husson. *Lég. des trav. publics*, pag. 710; — *Servitudes de voirie*, n° 543.

49. — Qu'en serait-il dans le cas où une mine ayant été concédée, et le gouvernement ayant autorisé postérieurement l'établissement d'un chemin de fer qui traverscrait en souterrain une partie du périmètre de la concession, les travaux d'extraction s'étant approchés du souterrain et ayant menacé la sûreté de la voie, le préfet prendrait un arrêté limitant l'exploitation aux abords de cette voie?

D'après la Cour de cassation, il serait dû une indemnité, parce qu'il y aurait dépossession d'une propriété concédée. [1]

D'après certains auteurs, l'indemnité ne serait due, dans un pareil cas, que parce que la concession du chemin de fer aurait été postérieure à la concession de la mine.

D'autres sont d'avis qu'il n'est pas dû d'indemnité.

[1] En Angleterre, cette solution devrait être adoptée. Voici, en effet, ce qui se pratique chez nos voisins : lorsque le propriétaire d'une mine traversée par un chemin de fer, veut pousser son exploitation sous la voie ou à ses abords à une distance déterminée, il doit, avant de commencer les travaux, faire connaître ses intentions à la compagnie du chemin de fer. Cette dernière fait vérifier la nature des travaux qui doivent être exécutés et, s'ils pouvaient être nuisibles au chemin de fer, elle peut empêcher l'exploitation, moyennant une indemnité. Si la compagnie n'est point d'avis d'empêcher l'exploitation de la mine, le propriétaire peut faire tous les travaux qu'il juge utiles à son exploitation, à la charge de réparer les dommages que ces travaux peuvent causer au chemin de fer ou de les voir réparer à ses frais par la compagnie du chemin de fer. Les directeurs des compagnies ont le droit de pénétrer en tout temps dans les mines voisines des chemins de fer, pour s'assurer de l'état de l'exploitation, 8 Vict. (8 mai 1845), cap. 20, §§ 80, 81. Je crois qu'il n'y a pas d'argument à tirer de ce qui se passe en Angleterre, parce que le régime des mines, sous la législation anglaise, n'est point conforme au régime établi par la loi française.

Voici l'espèce dans laquelle la question s'est présentée. En 1825, divers propriétaires obtinrent la concession de la mine de Couzou; en 1826, le gouvernement concéda le chemin de fer de Saint-Étienne à Lyon, qui traversait en souterrain une partie de la mine du Couzou. Les mineurs s'étaient approchés du souterrain, dont la sûreté était menacée; le préfet en ayant eu avis, prit un arrêté qui interdisait toute exploitation soit au-dessous du chemin de fer, soit au-delà des deux plans parallèles à l'axe de ce chemin et distant dudit axe, l'un de trente mètres au nord, l'autre de vingt mètres au midi.

Les concessionnaires de la mine demandèrent une indemnité à raison de cette prohibition, et le tribunal de Saint-Étienne admit le droit à cette indemnité, dans son jugement du 31 août 1833. La Cour de Lyon, le 12 août 1835, réforma cette décision; cet arrêt fut cassé par décision de la chambre civile du 18 juillet 1837. La Cour de Dijon, devant laquelle l'affaire fut portée, sanctionna de nouveau, sur les conclusions conformes de M. Legoux, avocat général, par arrêt du 25 mai 1838, l'opinion de la Cour de Lyon; mais cet arrêt ayant été porté à la Cour de cassation fut de nouveau cassé par décision du 3 mars 1841, rendue par les chambres réunies, contrairement aux conclusions de M. Dupin.

Je persiste à croire qu'il n'est pas dû, en pareil cas, d'indemnité aux concessionnaires de mines par les concessionnaires de chemins de fer.

Si, d'après la loi de 1810, les mines constituent une propriété réelle, cette nature de propriété est cependant soumise, par la loi qui l'a créée, à une surveillance telle de la part de l'administration que, d'après la loi, le préfet peut en restreindre et en suspendre l'exploitation, si elle compromet la sûreté publique, la conservation des puits, la solidité des travaux, la sûreté des ouvriers ou des habitants. Lorsque le gouvernement fait usage de ce droit, ce n'est que par suite de la réserve forcée qui en a été faite lors de la concession, et le concessionnaire sous condition ne peut se plaindre de l'exercice de ce droit auquel est subordonnée sa propriété.

En concédant les mines, en créant cette propriété au profit de divers particuliers, le gouvernement n'a pu se dépouiller du droit d'ouvrir partout les voies publiques qu'il juge nécessaires et utiles, et de prendre pour la sûreté de ces voies les mesures autorisées par les lois. S'il use de ce droit, je dirai mieux, s'il remplit cette obligation, ce n'est point une expropriation qu'il prononce contre le concessionnaire des mines, il règle l'exploitation, ce qui rentre dans son droit de surveillance.

On conçoit que si, en établissant le chemin en souterrain, on traversait le périmètre concédé dans la partie exploitée et on bouleversait une exploitation actuelle, il y aurait lieu, pour ce préjudice direct et matériel, à payer une indemnité. Que, dans ce cas, le concessionnaire du chemin de fer, outre la somme à payer au propriétaire de la surface traversée souterrainement, dût payer une autre indemnité au propriétaire de la mine pour le dommage apporté à l'exploitation, ce ne serait que justice ; mais lorsque le chemin établi dans le périmètre concédé se développe hors des lieux alors exploités, si plus tard, dans un intérêt public, l'administration croit devoir imposer des conditions à l'exploitation, le concessionnaire du chemin de fer ne peut être tenu d'indemniser le propriétaire de la mine des suites d'une mesure prise en dehors de sa volonté et de son appréciation, qui ne constitue nullement une expropriation à son profit, mais un acte de police de surveillance et de voirie, une de ces mesures de haute police, comme le dit la Cour de Lyon, auxquelles tous les concessionnaires de mines sont perpétuellement soumis, soit par la nature et les énonciations de leur titre de concession, soit par la loi qui a érigé ces sortes de concessions en propriété privée.

« Il existe une grande analogie entre les propriétaires de mines et les propriétaires qui exploitent des carrières ; or, d'après les articles 6 et 7 du décret du 22 mars 1813, qui peut être rendu commun à toute la France, l'exploitation ne doit être poussée qu'à la distance de dix mètres des deux côtés des chemins, édifices et constructions quelconques, plus, un mètre par mètre d'épaisseur des terres au-dessus de la masse exploitée ; il est évident, d'après la rédaction du décret, que la prohibition s'applique aussi bien à l'égard des chemins et constructions qui existaient avant l'ouverture de la carrière, qu'à l'égard de ceux qui auraient été établis à une époque postérieure ; il est également certain que cette prohibition, qui prive l'exploitant d'une partie de sa carrière, a lieu sans indemnité de la part de ceux qui auraient fait des constructions ; la propriété d'une

mine étant, comme toutes les autres, soumise aux règlements de police et spécialement à ceux autorisés par
le titre 5 de la loi du 21 mars 1810, on ne voit aucun
motif pour créer, dans une position analogue, une différence entre le propriétaire de la mine et celui de
la surface, et faire jouir le premier du privilége de
recevoir une indemnité, tandis que le second en est
privé. [1] »

En général, on paraît admettre l'application de ces
principes dans le cas où la route est établie à ciel ouvert,
on ne la conteste que lorsque la voie est souterraine.
Pourquoi cette distinction? Pourquoi donner au propriétaire d'un gissement souterrain une indemnité à raison
de l'application d'une mesure de police que devra souffrir, sans compensations, le propriétaire dont le droit
s'exerce sur la surface? N'oublions pas que le propriétaire de la surface est le seul vrai propriétaire, il puise
son titre dans le droit commun, dans ce que le droit de
propriété a de plus réel et de plus sacré. Celui qui exploite une mine, au contraire, ne tient son droit, dont
on a dépouillé le propriétaire de la surface, que d'une
concession faite gratuitement par l'État, et cette concession n'a pu être faite qu'à la charge par le concessionnaire de se soumettre gratuitement à toutes les
mesures de police que l'intérêt public peut commander
actuellement comme dans l'avenir, et que serait dans le
cas de souffrir sans indemnité tout autre propriétaire.
Comme le disait M. Dupin, dans les conclusions qui

[1] Arrêt de la Cour de Dijon, du 25 mai 1838.

ont précédé l'arrêt des chambres réunies du 9 mars
1841 : « Le caractère des réserves exprimées à cet
égard dans les articles 11, 15, 47 et 50 de la loi de
1810 étant général, absolu, d'ordre public, il est dans
leur nature d'être perpétuelles ; elles ne sont donc pas
limitées aux édifices et aux chemins existants au jour
de la concession ; elles s'étendent providentiellement à
tous les besoins publics, à toutes les survenances. [1] »

50. — Si les déblais nécessités par l'établissement
de la voie de fer ou son élargissement forçaient les compagnies à extraire de la mine des matières qui auraient
fait l'objet d'une concession, ce serait là une véritable
dépossession de l'objet concédé au détriment des propriétaires de la mine et au profit des concessionnaires du
chemin de fer, et nullement l'exécution d'une mesure
de police prise par l'administration, ces emprunts pourraient motiver des allocations de dommages-intérêts. [2]

51. — Les lois et règlements sur la grande voirie
concernant l'extraction des matériaux nécessaires aux
travaux publics sont applicables à la confection et à
l'entretien des chemins de fer.

En Angleterre, les compagnies de chemins de fer
sont également autorisées à prendre chez les riverains
de ces voies, et dans une zone déterminée, les terres et

[1] J'ai traité cette question dans le même sens, dans le *Traité sur les
Servitudes de voirie*, t. II, n° 543. Je trouve la même solution adoptée
par M. Jousselin, *Servitudes d'utilité publique*, t. II, pag. 384.
[2] C. de Dijon, 25 mai 1838.

matériaux nécessaires à leur construction et à leur
entretien. Les compagnies, pour l'exercice de cette
servitude, doivent donner des avertissements préalables
aux propriétaires, pour les mettre à même de faire valoir les exceptions dont ils pourraient se prévaloir ; les
travaux doivent être exécutés le plus promptement possible et de la manière la moins dommageable. Une juste
indemnité est due au propriétaire. Le règlement et le
paiement de cette indemnité doivent avoir lieu dans
une époque déterminée, à partir de l'exécution des travaux. Les parcs, enclos, lieux d'agréments et lieux voisins des maisons d'habitation ne peuvent être fouillés.

J'ai indiqué les lois et règlements sur l'extraction des
matériaux nécessaires aux travaux publics en France
dans une monographie publiée en 1845, sous ce titre :
*Etudes sur la législation et la jurisprudence concer-
nant les fouilles et extractions de matériaux,* et réim-
primée en 1851 sous le titre de *Dommages occasionnés
à la propriété privée à l'occasion de l'exécution des
travaux publics.* Je me borne à renvoyer à ce travail
pour le développement des règles applicables en ces
matières, en voici l'indication sommaire.

52. — Les compagnies de chemins de fer peuvent
extraire des matériaux dans les propriétés privées sans
recourir préalablement à l'expropriation pour cause
d'utilité publique. Cette charge, établie an profit des
concessionnaires et entrepreneurs, n'existe pas au profit
des simples fournisseurs. Les matériaux extraits ne peuvent être employés qu'aux travaux à raison desquels

l'extraction a été autorisée. Avant de s'introduire dans une propriété, pour y faire des fouilles et extractions de matériaux, il faut se munir d'une autorisation du préfet. Le propriétaire doit être averti avant que l'extraction soit commencée. Tous les lieux peuvent être désignés pour y pratiquer des extractions de matériaux, sauf les cours, jardins, vergers et autres possessions de même nature, fermées par des murs ou autres clôtures équivalentes. Les terres labourables, prés, bois, vignobles et autres terres semblables, quoique closes, peuvent être utilement désignées.

Le propriétaire qui s'opposerait à l'extraction se mettrait sous l'application de l'article 438 du Code pénal. Une indemnité lui est due, mais elle ne doit pas être préalable. Elle doit être réglée, hors le cas où l'extraction a eu lieu dans une carrière en cours d'exploitation, non à raison de la valeur des matériaux extraits, mais des torts et dommages causés à la propriété en faisant cette extraction. Lorsque les extractions ont lieu en vertu des actes administratifs, le règlement de l'indemnité est fait par les conseils de préfecture, après diverses formalités d'instruction tracées par les articles 56 et suivants de la loi du 16 septembre 1807. Si l'extraction a eu lieu en vertu de conventions privées intervenues entre le propriétaire et l'entrepreneur, et qu'il s'agisse d'interpréter ces conventions, ou par suite d'une simple voie de fait de ce dernier, le règlement est fait par les tribunaux civils, sauf, dans ce dernier cas, la compétence des tribunaux de répression, si l'indemnitaire voulait prendre cette voie. Je dois faire observer que, dans le cas où une convention privée est intervenue pour autoriser la prise des matériaux, s'il ne s'agit point de l'interpréter, mais que, muette sur le règlement de l'indemnité, il soit nécessaire d'y faire procéder, le règlement doit, aux termes de l'article 4 de la loi de pluviôse an VIII, être fait par les tribunaux administratifs, les parties ne pourraient pas même stipuler que le règlement serait fait par une autre juridiction, tous autres tribunaux étant incompétents *ratione materiæ* et les juridictions étant d'ordre public en France.

53. — Les servitudes imposées par les lois et règlements sur la grande voirie, qu'énumère l'article 3 de la loi du 15 juillet 1845, seront-elles applicables aux riverains des chemins de fer existant avant la promulgation de cette loi? Cela nous paraît indubitable. Ces règles sont applicables aux chemins de fer qui se trouvaient construits à cette époque, comme à ceux qui l'ont été ou qui le seront depuis, parce que notre loi est une loi de police et, à ce titre, elle est destinée à régir, du jour de sa promulgation, toutes les matières qu'elle règlemente. [1]

Cette question va se représenter dans le commentaire sur l'article 5, au moins en ce qui concerne son application aux constructions.

---

[1] *Sic*, Rebel et Juge, n° 576; — Duvergier, *Coll. de lois*, 1845, pag. 289, note 2; — la discussion à la Chambre des pairs sur l'article 4; et *supra*, n° 6; — MM. Gand, n° 78; et Devilleneuve et Carrette, *Recueil des lois et arrêts*, loi du 15 juillet 1845, art. 3, note 9, adoptent cette opinion, mais à condition d'indemnité pour le propriétaire riverain.

ARTICLE IV.

Tout chemin de fer sera clos des deux côtés et sur toute l'étendue de la voie.

L'administration déterminera pour chaque ligne le mode de cette clôture, et, pour ceux des chemins qui n'y ont pas été assujettis, l'époque à laquelle elle devra être effectuée.

Partout où les chemins de fer croiseront de niveau les routes de terre, des barrières seront établies et tenues fermées, conformément aux règlements.

—

SOMMAIRE.

54. — La clôture des chemins de fer est une mesure de la plus haute importance; écrite dans presque tous les cahiers des charges annexés aux concessions, elle a passé dans notre loi; elle défend toutes les dépendances de la voie contre les empiétements des voisins, et surtout elle prévient les accidents, en empêchant les personnes et les animaux de s'introduire sur la voie.

L'établissement des barrières dans les lieux où les chemins de fer croisent de niveau les routes de terre, est également très utile. La commission spéciale chargée par le ministre des travaux publics de rechercher les mesures de sûreté applicables aux chemins de fer, sollicitait l'adoption de cette mesure. « Il paraît désirable à la commission, disait-elle, que l'on établisse, dans les croisements de niveau des routes et des chemins de fer,

des barrières qui pussent fermer au besoin le chemin de
fer, pour éviter que les voitures qui circulent la nuit,
au premier brouillard, ne vinssent à se diriger sur la
voie de fer et y continuer leur route, comme cela s'est
vu sur le chemin de fer de Versailles, rive gauche. » [1]

55. — L'obligation de clore la voie et d'établir des
barrières est écrite dans presque toutes les législations
étrangères.

En Autriche : « Pour conserver intacte la communication entre les routes et les chemins déjà existants, aux
endroits traversés par le chemin de fer, le chemin de
fer devra passer au-dessus ou au-dessous des routes les
plus fréquentées. Quant aux routes moins fréquentées,
il pourra les traverser à niveau. Dans ce dernier cas,
des gardiens de la voie seront établis par la compagnie
sur le point de passage, et des barrières mobiles seront
disposées, au moyen desquelles la route sera fermée des
deux côtés à l'approche d'un convoi..... La compagnie
est tenue de prendre toutes les mesures de précautions,
soit en établissant des cantonniers sur la voie, soit en
environnant le terrain du chemin de fer d'une clôture
convenable, afin d'en interdire l'accès aux hommes et
aux animaux à l'approche d'une locomotive, ce qui est
essentiel pour éviter les accidents graves. L'autorité
directoriale du cercle est spécialement chargée de
veiller à l'exécution de ces différentes mesures, et la
compagnie est tenue d'entourer de haies vives la voie

---

[1] Pag. 15 du rapport.

et les fossés latéraux, surtout dans les pays de pâtu-
rages. » [1]

En Prusse, la plupart des ordonnances de police concernant les chemins de fer chargent les autorités supé-
rieures du soin de déterminer les modes de clôture des
voies de fer.

Le règlement de police du 30 août 1839, pour le
chemin bavarois de Munich-Augsbourg, porte défenses
sévères d'ouvrir les barrières, portes de gares et accès,
et de franchir les fossés, escarpes, digues et autres
clôtures. Ces défenses se retrouvent dans l'ordonnance
de police d'août 1840, spéciale au chemin de Brunswick
à Harzbourg; dans le règlement du 3 septembre 1839,
pour la voie du Taunus; et, en dehors de la Bavière,
dans l'ordonnance du grand duc de Bade, du 3 septembre 1840.

En Angleterre, les compagnies concessionnaires doivent également clore les voies de fer et entretenir ces
clôtures. [2]

56. — La loi française n'a donc fait que sanctionner
une nécessité déjà reconnue dans les législations étrangères, mais elle l'a fait d'une manière plus formelle
et plus générale, en prescrivant que les chemins de fer
seraient clos des deux côtes et sur toute l'étendue de
la voie. Cette obligation, dans la loi française, est im-

---

[1] *Législation des chemins de fer en Allemagne*, par de Reden, pag.
91 et 92 de la trad. française de M. Tourneux.
[2] 5 et 6 Vict. (30 juillet 1842), cap. 55; et 8 Vict. (8 mai 1845),
cap. 20, § 68.

pérative. Celui auquel il incombe de s'y soumettre ne peut s'y soustraire sous quelque prétexte que ce soit.

L'administration elle-même ne pourrait, soit directement soit indirectement, en exonérer une compagnie; une pareille autorisation serait une illégalité flagrante, [1] elle ne saurait engager pour l'avenir et fonder un droit pour la compagnie qui l'aurait obtenue en violation de la loi.

Après la loi de 1845, on s'est plaint, à la Chambre des députés, de ce que les prescriptions concernant les clôtures n'étaient point exécutées sur certains chemins, notamment le chemin de fer de Saint-Etienne. Le ministre des travaux publics se hâta de répondre que des injonctions avaient été faites à la compagnie et que, dans un temps peu reculé, cette disposition à laquelle la Chambre des pairs avait attaché tant d'importance, et qui en a tant pour la conservation et la police des chemins de fer, aurait reçu partout son exécution. [2]

57. — En exécution de la loi de 1845, les chemins de fer déjà construits et concédés lors de la promulgation de cette loi doivent être clos, alors même que l'obligation de les clore n'aurait pas été insérée dans le cahier des charges annexé à la concession. Les lois de police sont exécutoires au moment de leur promulgation, dans un intérêt public de sûreté, et l'article 4 est trop général et absolu pour admettre des exceptions et des distinctions.

---

[1] Dans le même sens, MM. Rebel et Juge, n° 580, et Gand, n° 82.
[2] Séance de la Chamb. des députés du 14 mai 1846, *Moniteur* du 15.

58. — Toutefois, comme c'était là une charge pésante et qu'il était essentiel que l'inertie et le mauvais vouloir ne vinssent pas en trop reculer l'exécution, l'article 4 a chargé l'administration du soin de déterminer, pour les chemins non assujettis à la clôture au moment de la promulgation de la loi du 15 juillet 1845, l'époque à laquelle cette clôture devrait être effectuée.

59. — La clôture fait partie de la même propriété que la voie de fer qu'elle est appelée à défendre, et, par suite, elle doit être établie sur le sol dépendant de cette voie ; le riverain est autorisé à s'opposer à son établissement, soit en entier soit en partie, sur son propre terrain.

60. — La clôture, une fois établie, fait partie de la voie de fer et, par suite, forme une dépendance du domaine public, c'est donc là une propriété *sui generis*, qui a ses règles spéciales, et à laquelle la plupart des règles du droit civil sont inapplicables. Ainsi, par exemple, dans le cas où pour établir cette clôture on aurait élevé un mur, les règles posées dans les articles 653 et suivants du Code Napoléon, sur la mitoyenneté du mur, ne pourraient être invoquées en faveur du riverain.

61. — L'ordonnance de Fréderic Guillaume de Prusse, du 3 novembre 1838, § 14, met à la charge des compagnies l'entretien de toutes les constructions que le gouvernement jugera nécessaires pour garantir les propriétés riveraines de tous dangers et de tous dommages ; parmi ces constructions, figurent nominativement

les clôtures. Cette disposition se retrouve dans presque toutes les législations étrangères, notamment dans
le règlement public fait à Copenhague, le 18 mai 1840,
et dans l'acte de la reine Victoria, du 8 mai 1845,
mais l'ordonnance de Prusse, du 3 novembre 1838,
ajoute que lorsque la nécessité de pareils établissements ne se fait sentir qu'après l'ouverture de la voie
et à la suite d'un changement opéré dans les propriétés
foncières voisines, la société du chemin de fer est bien
tenue de les faire et de les entretenir, mais aux frais des
propriétaires intéressés, qui doivent donner caution.

En France, l'établissement des clôtures étant une
obligation imposée dans un intérêt de police, de sûreté
publique et de conservation de la voie de fer, plus encore que dans l'intérêt particulier de tel riverain, la
dépense que nécessite leur construction ne saurait
être mise à la charge des riverains, tout le monde est
d'accord sur ce point. [1]

Mais à la charge de qui retomberont ces frais ?

Si l'État a construit le chemin et s'il l'exploite, pas
de difficultés, nul autre que lui ne peut être appelé à
supporter une pareille dépense.

Si la compagnie concessionnaire a construit le chemin et l'exploite encore, que les frais de clôture soient
à la charge de celui qui exploite le chemin ou du constructeur, se sera toujours elle qui devra les supporter.

Mais si l'État ayant fait construire le chemin, soit

---

[1] M. de Chasseloup-Laubat, séance de la Chambre des députés, du
31 janvier 1845, (*Mon.* du 1er février), et le discours du rapporteur
à la Chambre des pairs.

avant soit après 1845, en a concédé l'exploitation, qui supportera les frais de clôture, du constructeur ou de l'exploitant ?

M. Gand [1] fait peser l'obligation sur l'État. Si on considère les clôtures comme un complément de l'établissement de la voie de fer, c'est à cet avis qu'il faudrait se ranger. Si on ne les considère, au contraire, que comme l'application d'une mesure de police, en dehors de l'accomplissement de laquelle le chemin existe parfait, complet et susceptible d'une exploitation régulière, il faudra mettre à la charge des exploitants l'exécution de cette mesure de police, à laquelle est soumise leur exploitation. Sous l'impression de cette double considération, au lieu de suivre une règle unique, on a distingué : s'agit-il des clôtures établies en maçonnerie aux gares et stations, ainsi que des barrières des passages à niveau, on les a mises à la charge de l'État, comme ouvrages d'art. S'agit-il, au contraire, des clôtures ordinaires destinées à séparer le chemin de fer des propriétés riveraines, elles sont à la charge des compagnies. [2]

62. — Les frais d'entretien des clôtures sont ordinairement mis à la charge des compagnies, sur lesquelles pèsent d'ailleurs, d'après les cahiers des charges, tous les frais de réparation et d'entretien, ordinaires et extraordinaires.

[1] M. Gand, n° 80.
[2] MM. Rebel et Juge, n°ˢ 261, 266, 283, 293 ; — Cahier des charges d'Orléans à Bordeaux. art. 7, § 4.

63. — En cas de difficultés sur le point de savoir qui, de l'État ou du concessionnaire, devra construire la clôture, ce n'est point à l'administration seule à décider; l'article 4 de la loi de 1845, lui donne bien le droit de déterminer le moment où la clôture devra être terminée et le mode de la clôture, mais il faut s'en référer aux règles ordinaires de compétence, pour reconnaître qui devra vider la difficulté, s'il y a des doutes sur l'obligé. Or, comme il s'agira ici d'apprécier un contrat administratif entre l'État et une compagnie concessionnaire, le conseil de préfecture, juge du contentieux administratif, sera seul compétent, sauf recours au conseil d'État. [1]

64. — Les concessionnaires de chemin de fer antérieurement à 1845, qui se sont trouvés obligés par cette loi d'établir des clôtures, auront-ils le droit de réclamer une indemnité à cause de la charge qui leur a été ainsi imposée? M. de Boissy avait posé la question à la Chambre des pairs; le ministre des travaux publics répondit : « Toutes les servitudes imposées à la propriété, dans un intérêt général, et il n'y a pas d'intérêt plus général que la sécurité publique, ne peuvent donner lieu à une indemnité. La nécessité de ce clore, imposée dans l'intérêt de la sûreté, de la circulation, est évidemment dans cette catégorie, et l'indemnité n'est pas due. » Cette solution est étendue par MM. Rebel et Juge, [2] au cas où

[1] MM. Rebel et Juge, nº 581 ; — Gand, nºs 82 et 83 ; — cons. d'État, 13 juillet 1850 (Comp. du ch. de fer de Strasbourg à Bâle).
[2] nº 584.

la compagnie, ayant adopté un mode de clôture qui ne paraîtrait pas suffisante à l'administration, serait obligée d'en établir une nouvelle.

65. — Le projet de loi portait : « Tout chemin de fer sera clos et séparé des propriétés riveraines des deux côtés, et sur toute l'étendue de la voie, par des murs, haies ou poteaux avec lisses, barrières, ou par des fossés. » Plusieurs députés, et entre autres MM. Gustave de Beaumont et de la Plesse, defendaient cet article qui, suivant eux, avait l'avantage de déterminer d'une manière précise le mode et la nature de la clôture. Le rapporteur à la Chambre des députés combattait au contraire, au nom de la commission, la seconde partie de cette disposition : Le projet présenté par le gouvernement, disait-il, ne précise rien et répand même, sur le choix du mode de la clôture, un doute qu'il nous a paru dangereux de laisser dans la loi.

« En effet, d'après cette rédaction, à qui appartiendrait le droit de déterminer quelle sera l'espèce de clôture employée ? Les compagnies, sans doute, le revendiqueront pour elles-mêmes. Du moment que le chemin de fer sera clos, même par de simples fossés, ne pourront-elles pas soutenir qu'elles ont satisfait aux prescriptions de la loi ; et croyez-vous que tel ou tel mode de clôture soit indifférent à la sûreté publique, à la sécurité des voyageurs ?

« Evidemment non ; ici, c'est une ville, un village populeux que le chemin traverse ; il faut une clôture solide, qui oppose un obstacle sérieux ; là, ce sont des plaines, où de rares habitations apparaissent, que parcourt le chemin, des barrières, des fossés peut-être seront suffisants.

« On ne peut donc déterminer d'avance, par la loi, quel mode de clôture sera employé ; le vouloir uniforme, serait ou ruiner les compagnies, ou n'exiger rien de sérieux ; et leur abandonner le choix, serait peut-être ne pas atteindre le but qu'on se propose.

« Votre commission a donc pensé que ce qu'il y avait de mieux à faire, c'était de se borner à déclarer que les chemins de fer seraient clos sur toute l'étendue de la voie, et ensuite de laisser à l'administration le soin de déterminer le mode de clôture ; l'administration, dans son choix, aura égard à ce que commande la sûreté publique et aussi à ce que réclame l'intérêt des compagnies. » [1]

Ces sages observations eurent l'assentiment de la Chambre, et l'avis de la commission est passé parmi les dispositions de la loi. On ne fit pas l'indication des divers modes de clôtures énumérés dans le projet, qui n'avait fait en cela que reproduire la clause contenue dans les cahiers des charges antérieurs à 1845. L'administration fut chargée de déterminer le mode de clôture.

66. — Toutefois, la commission de la Chambre des députés, qui proposait ainsi de laisser à l'administration le soin de déterminer les modes de clôture, pour don-

[1] Séance de la Chambre des députés du 31 janvier 1845.

ner une garantie de plus aux intérêts divers engagés
dans cette désignation, demandait qu'elle fût faite par
un règlement d'administration publique pour chaque
ligne. Il aurait fallu, dès-lors, une ordonnance royale
délibérée en conseil d'État. [1] M. Benoît, député, fit
observer qu'à coup sûr le conseil d'État ne statuerait
qu'après et sur l'avis du conseil général des ponts-et-
chaussées, et qu'on ferait ainsi perdre beaucoup de
temps pour l'accomplissement de formalités inutiles.
Suivant lui, il suffirait que l'administration supérieure
locale déterminât le mode de clôture. Le ministre des
travaux publics, adoptant cet avis, proposa de mettre
dans la loi que l'administration déterminerait pour chaque ligne le mode de clôture, c'est ce qui fut fait par la
Chambre, du consentement du rapporteur. [2] C'est dès-
lors à l'administration supérieure locale, c'est-à-dire au
préfet, à régler, sur l'avis de l'ingénieur en chef des
ponts-et-chaussées, et sauf recours au ministre, le
mode de clôture des chemins de fer. [3] Toutefois, la loi
réservant le droit de désignation à l'administration
d'une manière générale et sans distinction, il faudrait
admettre comme régulièrement faite la désignation qui
émanerait du chef du gouvernement, sous la forme
d'un décret, du ministre, sous la forme d'un arrêté ou
d'une décision. [4] Il sera même le plus souvent néces-

[1] Voy. ce qu'on entend par règlement d'administration publique,
dans le commentaire sur l'article 5.
[2] Séance de la Chambre des députés, du 31 janv. 1845.
[3] M. Jousselin, *Serv. d'utilité publique*, t. II, pag. 387.
[4] MM. Rebel et Juge, n° 578, et Gand n° 81, pensent que le préfet

saire de recourir à l'autorité ministérielle, lorsque la ligne traversera plusieurs départements, la désignation devant être faite pour chaque ligne.

67. — L'acte qui fixe les modes de clôture peut être modifié par l'autorité dont il émane, si l'intérêt public et les besoins du service l'exigent.

68. — On trouve dans le cahier des charges annexé à la loi du 12 août 1840 (chemin de fer de Paris à Rouen) l'énumération des principaux modes de clôtures que prescrit l'administration. Ce sont les murs, haies, poteaux avec lisses, fossés avec levée en terre ayant au moins un mètre de profondeur, à partir de leurs bords relevés.

69. — Les dégats faits aux clôtures doivent être considérés comme s'ils avaient été faits à la voie de fer,

n'est pas compétent, mais les termes généraux dont s'est servi le législateur, dans l'article 4, ne permettent pas d'admettre cette exclusion, et on sait que l'adoption de la rédaction actuelle est due aux observations de M. Benoît, qui voulait charger l'administration supérieure locale de déterminer le mode de clôture ; or, dans les départements, l'administration supérieure locale est concentrée entre les mains du préfet. Au surplus, M. Gand, qui, dans le n° 81, pag. 126, dit : « Ce ne sera pas non plus par un arrêté préfectoral que cette désignation pourra être légalement faite », dit au même n°, pag. 127 : « cette indication (le mot administration passé dans la rédaction définitive) n'a été présentée et acceptée à titre de conciliation que parce que l'élasticité des termes de la rédaction, n'excluant l'action d'aucun des corps de l'administration, conférait au gouvernement la faculté de procéder, à son choix, par des ordonnances simples, par décisions ministérielles, par règlement du conseil général des ponts-et-chaussées, ou enfin par *arrêtés préfectoraux* soumis ou *non* à l'approbation du ministre. »

lorsqu'il s'agit de les réprimer, à moins qu'ils eussent assez d'importance pour constituer un bris de clôture. L'article 456 du Code pénal pourrait être alors appliqué par les tribunaux de répression.

70. — En ce qui concerne l'établissement des barrières dans les lieux où les chemins de fer croiseront de niveau les routes de terre, il faut suivre la plupart des règles que nous venons d'établir pour les clôtures.

Ces barrières devront être établies et tenues fermées, conformément au règlement.

Le cahier des charges annexé à la loi du 12 août 1840 (chemin de fer de Paris à Rouen) contient à ce sujet plusieurs dispositions que nous retrouvons dans les lois postérieures, et qu'il peut être utile de consulter, nous y lisons :

« A moins d'obstacles locaux, dont l'appréciation appartiendra à l'administration, le chemin de fer, à la rencontre des routes royales ou départementales, devra passer soit au-dessus, soit au-dessous de ces routes. Les croisements de niveau seront tolérés pour les chemins vicinaux, ruraux ou particuliers.

« Dans le cas où des chemins vicinaux, ruraux ou particuliers seraient traversés à leur niveau par le chemin de fer, les rails ne pourront être élevés ou abaissés au-dessus ou au-dessous de la surface de ces chemins de fer de plus de 3 centimètres. Les rails et le chemin de fer devront en outre être disposés de manière à ce qu'il n'en résulte aucun obstacle à la circulation. Des barrières seront tenues fermées de chaque côté du chemin

de fer où cette mesure sera jugée nécessaire par l'administration. Un gardien payé par la compagnie sera
constamment préposé à la garde et au service de ces
barrières. »

Enfin, pour compléter ces documents, rapportons
encore les articles 4 et 6 de l'ordonnance du 15 novembre 1846, ainsi conçus :

« Art. 4. Partout où le chemin de fer est traversé à
niveau, soit par une route à voitures, soit par un chemin destiné au passage des piétons, il sera établi des
barrières.

« Le mode, la garde et les conditions de service des
barrières seront réglés par le ministre des travaux publics, sur la proposition de la compagnie.

« Art. 6. Aussitôt après le coucher du soleil et jusqu'après le passage du dernier train, les passages à
niveau, pour lesquels l'administration jugera cette mesure nécessaire, seront éclairés. »

71. — Notre article 4 est applicable lorsque le chemin est de niveau avec les terres riveraines, comme
lorsqu'il est établi au moyen d'un déblai ou d'un remblai ; la loi ne fait pas de distinctions, et il y a quelquefois plus d'utilité à ce que la clôture soit établie
lorsque les niveaux sont différents, que lorsque la voie
de fer est au même niveau que les propriétés qu'elle
traverse. [1]

[1] Rebel et Juge, n° 586 ; — Gand, n° 84.

ARTICLE V.

A l'avenir, aucune construction autre qu'un mur de clôture ne pourra être établie dans une distance de deux mètres du chemin de fer.

Cette distance sera mesurée soit de l'arête supérieure du déblai, soit de l'arête inférieure du talus du remblai, soit du bord extérieur des fossés du chemin, et, à défaut d'une ligne tracée, à un mètre cinquante centimètres à partir des rails extérieurs de la voie de fer.

Les constructions existantes au moment de la promulgation de la présente loi, ou lors de l'établissement d'un nouveau chemin de fer, pourront être entretenues dans l'état où elles se trouveront à cette époque.

Un règlement d'administration publique déterminera les formalités à remplir par les propriétaires pour faire constater l'état desdites constructions, et fixera le délai dans lequel les formalités devront être remplies.

—

SOMMAIRE.

74 — Cette servitude ne peut lui servir de titre à une indemnité.

75 — Elle ne s'applique point aux constructions antérieures à la loi de 1845 ni à celles qui existaient au moment de l'établissement d'un chemin de fer.

76 — Elle est applicable dans toute l'étendue des chemins de fer, et même dans les parties où ils traversent des habitations agglomérées.

77 — *Quid*, autour des gares ?

78 — La défense portée en l'article 5 n'est point applicable aux simples dépôts des matériaux.

79 — Ni aux murs de clôture.

80 — Ce qu'on doit entendre ici par murs de clôture.

81 — Les constructions dans les gares restent autorisées.

82 — Obligation pour le riverain qui veut construire, de demander l'autorisation.

83 — Comment cette obligation doit être entendue s'il s'agit de l'établissement d'un mur de clôture.

84 — Étendue de la zone frappée de servitude.

85 — L'existence d'un mur de clôture ne modifie en rien le mode à suivre pour la fixation de cette zone.

86 — *Quid*, s'il n'a été posé qu'une voie de fer et que le chemin soit destiné à en recevoir une seconde ?

87 — Largeur ordinaire des voies de fer.

88 — Régime des constructions qui existent au moment de l'ouverture du chemin de fer ; — discussion aux Chambres ; — étendue du droit d'entretien.

89 — Qui décide si les réparations sont de nature à être autorisées ?

90 — Les constructions couvertes en chaume sont régies par des dispositions spéciales qui accordent toute latitude à l'administration.

91 — La constatation de l'état des constructions, au moment de l'établissement d'une nouvelle loi, doit être faite en se conformant aux prescriptions contenues dans un règlement d'administration publique.

92 — Ce qu'on entend par règlement d'administration publique.

93 — Cette dernière disposition corrobore le système que
   nous avons développé au sujet du droit d'entretien
   accordé au riverain, propriétaire d'anciennes constructions.
94 — Qu'en est-il des constructions qui ne sont que commencées au moment de l'établissement d'une nouvelle voie de fer ?

72. — Afin d'éviter le danger qui résulterait pour
la voie de fer des constructions et des habitations
qui auraient pu s'en trop rapprocher, on a défendu
aux riverains des chemins de fer de construire dans
une distance de deux mètres de ces chemins. On a
craint notamment, si cette prohibition n'avait pas été
édictée, que des matériaux, se détachant d'une manière
imprévue des constructions, ne fussent la cause de
grands désastres.[1]

73. — La prohibition de bâtir dans cette zone ne
constitue pas une expropriation. Le propriétaire n'est
point dépossédé au profit de l'Etat. Il continue à jouir
et disposer de son terrain, à la seule condition de ne
pas y élever certaines constructions. Il ne peut point
dès-lors demander le prix de ces terrains, comme en
étant exproprié et comme peut le faire le riverain d'une
voie de terre qui, frappé par l'alignement, ne peut réparer ses constructions et doit abandonner, pour être in-
corporés à la voie publique, les terrains atteints par cet
alignement.

[1] M. Persil, deuxième rapport à la Ch. des pairs *Moniteur* du 18
mars 1845).

74. — Mais si le riverain de la voie de fer ne peut demander le prix du terrain laissé en sa possession, ne sera-t-il pas fondé à demander une indemnité pour la modification que cette charge impose à sa jouissance? Le rapporteur de la loi à la Chambre des députés, dans la séance du 31 janvier 1845,[1] disait au sujet de la servitude non *ædificandi* établie par l'article 5 : « Le propriétaire conserve sa propriété toute entière; la jouissance en est restreinte, voilà tout; et cette restriction, lorsqu'elle est apportée dans un intérêt public par une loi générale, n'entraîne ni expropriation, ni indemnité. »

M. Bethmont s'opposait à l'adoption de ce principe. Il voulait que, dans tous les cas, les riverains des chemins de fer établis au moment de la promulgation de la loi ne pussent pas y être soumis. Le rapporteur et le ministre s'élevèrent contre l'opinion de M. Bethmont. Le rapporteur fit observer que le principe avait déjà été voté par les Chambres dans les articles précédents, où l'on appliquait aux chemins de fer existants toutes les servitudes de grande voirie relatives à l'alignement, l'écoulement des eaux, les plantations. Suivant lui, l'établissement de ces servitudes sans indemnité est de droit commun en France, ainsi que le prouvent les dispositions de l'ordonnance de 1669, concernant les chemins de halage; l'arrêt du conseil de 1765, imposant des servitudes aux riverains des routes; l'article 28 de l'ordonnance de 1669, sur l'essartement; les lois de

---

[1] *Moniteur* du 1ᵉʳ fév., pag. 219, 1ʳᵉ col.

1791 et 1819, concernant les servitudes militaires. La discussion fut assez longue et assez vive, enfin le rejet de l'amendement présenté par M. Bethmont nous permet aujourd'hui d'affirmer que la Chambre, en votant l'article 5, a entendu que la servitude qu'il établit serait appliquée, sans indemnité, soit aux riverains des chemins construits au moment de la promulgation de la loi, soit aux riverains des chemins à construire. Cette opinion est aujourd'hui adoptée sans controverse.[1]

75. — La servitude *non œdificandi* frappe bien les riverains de toutes les voies de fer; mais, en ce qui concerne les propriétés bâties, il faut distinguer entre les constructions faites antérieurement à la loi de 1845 et celles qui sont postérieures à cette loi. L'article 5 est formel, il dispose pour l'*avenir* seulement, et, maintenant les constructions antérieures à la loi, il se borne à régler leur régime et leur condition d'existence.[2]

A plus forte raison on ne pourrait considérer comme une contravention le fait du riverain qui, avant la loi de 1845, aurait élevé des constructions dans la zone asservie depuis, alors même qu'il n'aurait pas demandé l'autorisation de construire.

Le sieur Sénéchal, propriétaire, à Saint-Just-en-Chaussée (Oise), d'un terrain ayant une étendue de 9 ares 97 centiares, fut exproprié d'une quantité de

[1] MM. Gand, n° 87; — De Villeneuve et Carrette, *Recueil des lois et arrêts*, loi du 15 juil. 1845, art. 5, notes 11 et 12; — Jousselin, *Servit. d'utilité publique*, t. II, pag. 382.
[2] MM. Rebel et Juge, n° 588.

8 ares 92 centiares pour l'établissement du chemin de fer du Nord. Il demanda au préfet l'alignement pour pouvoir tirer parti du peu de terrain qui lui était ainsi laissé. Par arrêté du 8 juin 1844, le préfet fixa à 21 mètres de l'axe du chemin de fer, ou soit à 7 mètres de la côte du talus du chemin, l'alignement, avec prohibition de faire aucuns travaux dans la zone ainsi fixée. Sénéchal se pourvut auprès du ministre des travaux publics et en même temps il commença des constructions parallèlement à l'axe du chemin de fer et à la distance les unes de 16 mètres, les autres de 14 mètres 87 centimètres de ladite axe. Le ministre confirma la décision du préfet, et le conseil de préfecture de l'Oise, à la suite d'un procès-verbal dressé contre Sénéchal, condamna ce dernier à la démolition et à l'amende. Il y eut pourvoi devant le conseil d'Etat. Le ministre des travaux publics soutenait la décision du Conseil de préfecture, en se fondant sur cette considération que, même avant la loi du 15 juillet 1845, les chemins de fer construits ou concédés par l'Etat faisaient partie de la grande voirie, et que les riverains étaient soumis à toutes les règles applicables à la grande voirie, que, par suite, le sieur Sénéchal était régi par l'arrêt du Conseil du 27 février 1765, et qu'il avait par suite commis une contravention de grande voirie, en ne se conformant pas à l'alignement fixé par le préfet.

M. du Martroy, commissaire du gouvernement, reconnaissait bien dans ses conclusions que l'article 1er de la loi du 15 juillet, en déclarant que les chemins de fer construits ou concédés par l'Etat faisaient partie de la grande voirie, n'avait fait que reconnaître un état de chose préexistant ; mais il ajoutait que les riverains des routes et chemins, d'après l'arrêt du 27 février 1765, ne devaient se munir d'une permission et d'un alignement que lorsqu'ils construisaient *le long et joignant les routes.* De sorte que, avant la loi de 1845, les préfets appelés à donner l'alignement et la permission de bâtir pour les constructions placées sur les limites du chemin de fer, n'avait pas le droit d'interdire des constructions dans une zone en dehors de ces chemins. Le conseil d'Etat a adopté ces conclusions dans sa décision du 13 avril 1850, ainsi motivée :

« Considérant que les faits imputés au sieur Sénéchal, par lesdits procès-verbaux, sont antérieurs à la loi du 15 juillet 1845 ; qu'à cette époque il n'existait aucune disposition légale qui donnât au préfet de l'Oise le droit d'obliger le propriétaire à porter ses constructions à une distance déterminée en arrière de la limite du chemin de fer ; qu'ainsi, en ne se conformant pas à l'arrêté qui lui avait imposé cette obligation, le sieur Sénéchal n'a pas commis une contravention de grande voirie. »

Les principes ainsi consacrés par le conseil sont inattaquables. Il faut tenir pour certain que, avant la loi de 1845, un préfet ne pouvait prescrire un alignement pour des constructions établies en dehors de la limite du chemin de fer. Ce n'est que la loi de 1845 qui a étendu la prohibition de bâtir à une distance de deux mètres du chemin de fer.

76. — Cette servitude est appliquable dans tous les lieux traversés, sans distinctions. M. Pascalis disait à la Chambre des députés : « Des deux côtés du chemin de fer il existera d'après le projet, sur le terrain qui le touche immédiatement, une servitude consistant dans une interdiction de bâtir. Cette interdiction de bâtir est juste et à-peu-près sans inconvénient, quand elle s'applique à des terrains ruraux, à des terrains qui seront situés hors l'enceinte des villes ou des villages. En effet, la servitude appliquée à ces terrains causera peu de préjudice au propriétaire. Il a de l'espace ; s'il ne construit pas, il sèmera, il récoltera ; sa jouissance sera peu diminuée parce qu'il arrivera qu'il ne pourra pas bâtir. Mais, lorsque le chemin de fer pénètrera dans l'enceinte des villes, il en sera tout autrement ; ici la servitude équivaudra à une véritable expropriation. Dans l'enceinte des villes, en effet, que pourra faire de son terrain le propriétaire voisin du chemin ? Il ne pourra pas semer, planter, ni récolter ; il ne pourra que construire. Eh bien, la reconstruction lui est interdite ; la servitude appliquée à ces terrains, dans l'intérieur des villes et villages, équivaudra donc à une expropriation véritable.

« .... Il est vrai que dans le deuxième paragraphe de l'article il est déclaré que les constructions existantes seraient maintenues ; seulement on ne pourra pas les réparer. Mais remarquez bien ce qui arrivera : on sera obligé d'entretenir les constructions dans l'état où elles se trouveront ; dans Paris, par exemple, pour y faire pénétrer le chemin, on aura dû faire des ruines. Des maisons étaient établies sur le sol traversé par le chemin de fer ; une partie sera en état de démolition, une partie subsistera. Cette partie de maisons réduites à moitié seront inhabitables, il faudra les reconstruire. Ainsi donc l'autorisation de maintenir cette partie dans l'état où elle est sera absolument inutile. Pour que le propriétaire puisse utiliser ce qui reste de sa maison, il devra commencer par tout démolir.

« Je sais très bien que la servitude appliquée aux villes serait d'un grand intérêt pour les chemins de fer qui devront y pénétrer : on peut craindre qu'il ne soit jeté des objets sur la voie de fer, et qu'il n'en résulte des accidents. Mais il faut aussi se préoccuper de l'intérêt du propriétaire que vous expropriez tout à fait. Que fera-t-il de ce terrain ? On veut assimiler les chemins de fer à la grande voirie ; poursuivons l'assimilation. Le chemin de fer qui pénètrera dans l'intérieur d'une ville sera comme une rue, comme une grande route. Or, par de là l'une et l'autre, il n'existe pas un espace grevé de l'interdiction de bâtir. C'est cependant ce qu'on va faire, et, sur les deux côtés du chemin de fer l'assimilation est abandonnée pour aggraver la condition du propriétaire ; la condition qu'on veut lui faire exciterait de vives et justes réclamations.

« On a bien voulu dire dans la commission que le jury qui s'occuperait d'évaluer l'indemnité due au propriétaire aurait égard à la servitude dont il se verrait frappé. Ne serait-ce pas se livrer à l'arbitraire ? Quand on demandera au jury ce que vaut le terrain dont tel propriétaire est exproprié, on ne lui demandera pas de

donner une indemnité pour tant de mètres en dehors
de la partie qu'occupera le terrain. Tel jury comprendra qu'il doit porter son attention sur cette autre expropriation indirecte ; tel autre ne le comprendra pas. Il
ne faut pas que le droit de propriété soit ainsi livré à la
merci d'une justice qui procèdera par intuition, qui
devra résoudre dans une question ce qu'on ne lui soumet pas ; qui devra accorder une réparation pour une
servitude que la loi déclare devoir être supportée sans
indemnité.

« Je propose donc d'introduire cette exception au
principe de l'article, qui serait de toute équité : « A l'a-
« venir, hors l'enceinte des villes et villages, aucune
« autre clôture qu'un mur....... » [1]

La Chambre repoussa cet amendement. M. Chasseloup-Laubat, rapporteur, fit observer que la prescription
étant utile ou inutile devait être admise ou rejetée dans
toutes ses applications, il ajoutait que cette mesure de
prudence était surtout nécessaire dans les villes où les
constructions, plus nombreuses et plus élevées, menacent davantage la sûreté des voies de fer et des convois
qui les parcourent. Il indiquait d'ailleurs que l'article 9
permettait au gouvernement de tempérer, dans l'application, la rigueur de l'article 5, toutes les fois qu'il n'y
aurait pas d'inconvénient.

En l'état de cette discussion, il ne peut s'élever aucun
doute sur le point de savoir si certaines propriétés rive-

[1] Séance de la Ch. des députés du 31 janvier 1845 (*Moniteur* du 1er février).

raines, à raison de leur position ou de leur nature, sont exceptées de l'application de l'article 5. La disposition de cet article est générale.

77. — La servitude *non œdificandi*, qui frappe les riverains des chemins de fer, est-elle applicable à ceux qui sont séparés de la voie de fer par des gares et ports secs? La question s'est présentée devant le conseil de préfecture de la Seine-Inférieure. Le sieur Tourblain, propriétaire à Rouen, ayant été exproprié d'une partie de terrain pour l'établissement de la station du chemin de fer de Rouen au Hâvre, avait fait élever une maison sur le mur de clôture formant limite entre sa propriété et l'emplacement affecté au service du chemin de fer. Le fait ayant été constaté, la compagnie poursuivit le sieur Tourblain devant le conseil de préfecture pour contravention à l'article 5 de la loi du 15 juillet 1845. Un arrêté du 11 décembre 1846 renvoya des poursuites le propriétaire, sur le motif que cet article, en interdisant des constructions dans la distance de deux mètres, n'avait en vue que la voie de fer proprement dite et n'avait pas entendu frapper de la même servitude les propriétés riveraines des autres terrains accessoires du chemin, tels que ceux destinés aux stations. [1] Un pourvoi formé par la compagnie a été rejeté, mais sans examen de la difficulté, par le conseil d'Etat, qui s'est borné à déclarer que la compagnie concessionnaire était sans qualité pour poursuivre les con-

[1] Dévill., 1850, II, pag, 232; — Lebon, 1850, pag. 41.

7

traventions commises sur les chemins de fer. En s'at-
tachant aux motifs qui ont déterminé l'adoption de
l'article 5, on peut défendre la décision du conseil de
préfecture. Mais, d'un autre côté, le texte de la loi se
prête peu à une pareille application. Les deux mètres
frappés de servitude doivent se compter de la limite
extrême des terrains affectés au service du chemin de
fer, et dès-lors peu importe la destination particulière
que reçoivent ces terrains pour l'exploitation du chemin de fer. L'administration pourra tolérer des constructions de la nature de celles élevées par le sieur
Tourblain, mai je crois qu'elle est armée du droit de
les empêcher, et si après une tolérance, quelque longue
qu'elle soit, des modifications apportées à l'exploitation
exigent dans les stations l'établissement de rails de
dégagements ou autre travail auquel puisse nuire une
construction voisine, le riverain du chemin de fer ne
pourra se plaindre de ce qu'on l'obligera à démolir des
constructions établies sur la limite extrême d'une gare
ou d'une station.

78. — Notre article défend aux riverains des chemins de fer d'établir des *constructions* dans l'étendue
d'une certaine zone, ce qui indique suffisamment une
prohibition de bâtir, une servitude *non œdificandi*. Il
en résulte que les simples dépôts de matériaux, régis
par les dispositions de l'article 8, ne rentrent point sous
les dispositions de l'article 5.

79. — L'article 5 contient lui-même, au sujet des

murs de clôture, une exception à la prohibition qu'il renferme. Les murs de clôture non-seulement peuvent être élevés dans la zone asservie de deux mètres, mais encore ils peuvent être construits sur la limite qui sépare le chemin de fer de la propriété riveraine.[1] A la Chambre des pairs, M. le comte Cholet avait voulu faire repousser de la loi l'exception établie à l'égard des murs de clôture, il faisait observer que si en règle générale l'application de cette exception ne présentait pas d'inconvénient, il n'en était pas ainsi dans des cas particuliers, par exemple, lorsque le chemin étant en tranchée d'une certaine profondeur, un mur construit sur la limite extrême, dans un terrain présentant peu de consistance, pouvait s'affaisser sur le chemin. M. Legrand, sous-secrétaire d'Etat au département des travaux publics, ne partagea pas les inquiétudes du comte Cholet, et la Chambre maintint l'exception. Les auteurs [2] font remarquer avec raison que si quelques-uns de ces murs présentaient des dangers pour la sûreté publique, l'administration pourrait toujours les faire démolir, en vertu des dispositions de l'article 10.

80. — Faut-il ajouter que le mur de clôture, pour lequel une exception a été faite à la servitude imposée par l'article 5, ne doit pas perdre ce caractère et cette destination, pour que le riverain puisse bénéficier de

[1] Voy. *infra*, n° 83.
[2] MM. Rebel et Juge, n° 589 ; — Duvergier, *Lois annotées*, loi du 15 juillet 1845.

cette exception? Si, au lieu d'un mur de clôture, on éle-
vait une véritable construction, alors même qu'elle ne
présenterait ni jour, ni ouverture sur la voie de fer, elle
ne pourrait être maintenue. Cette observation a été faite
à la Chambre des députés, dans la séance du 31 janvier 1845. M. Grandin avait proposé une disposition
ainsi conçue : « Sera considérée comme mur de clôture
toute construction sans ouverture ni jour donnant sur
le chemin. » M. le sous-secrétaire d'Etat repoussa l'a-
mendement qui, n'étant pas appuyé, ne fut pas même
mis aux voix. Le conseil d'Etat, dans sa décision du
16 août 1851 (Délier), a formellement reconnu « que
l'article 5 de la loi du 15 juillet 1845, interdisant d'é-
tablir aucune construction autre qu'un mur de clôture,
dans une distance de deux mètres d'un chemin de fer,
a dès-lors interdit également de pratiquer des jours et
issues dans un mur de cette nature. »

81. — La prohibition d'établir des constructions
dans une zone de deux mètres, le long des chemins de
fer, lorsqu'elle a été édictée par la loi du 15 juillet 1845,
a été adoptée comme une servitude d'utilité publique,
imposée aux riverains des chemins de fer. Lui donner
une autre signification et une autre portée, serait faire
une fausse application de la loi. Ainsi, l'administration
ne peut voir dans l'article 5 une prohibition de faire,
dans les ports secs, gares, stations et toutes les dépendances des chemins de fer, toutes les constructions
nécessaires à l'exploitation du chemin de fer. Ces constructions accessoires forcées de la voie, établies sous la

direction, la surveillance et le contrôle des agents du gouvernement, ne peuvent présenter des inconvénients pour les chemins de fer, dont l'exploitation serait impossible si elles n'existaient pas.

82. — Celui qui veut élever des constructions dans le voisinage d'un chemin de fer, doit demander un alignement et une permission, alors même qu'il ne voudrait s'établir que sur la limite extrême de la zone asservie. C'est la conséquence des règles que nous venons d'établir. Il n'a aucune formalité préalable à remplir, s'il veut élever des constructions en dehors de la limite de cette zone, quelle que soit la nature de ces constructions, et alors même qu'elles se raccorderaient avec des édifices placés dans les deux mètres de la limite du chemin de fer.[1] Je recommande aux riverains, lorsqu'ils voudront s'établir en dehors de cette limite, si la distance dont ils veulent s'en écarter est peu importante, de réclamer préalablement une permission ou tout au moins une indication exacte de la zone asservie. Une erreur de leur part peut les soumettre à des poursuites qui entraîneraient contre eux des condamnations à l'amende et à la démolition.

83. — Lorsqu'un riverain veut construire un simple mur de clôture dans les deux mètres qui longent les chemins de fer, M. Gand pense[2] qu'il doit rapporter

---

[1] Duvergier, *Lois de* 1845, pag. 301 ; — Rebel et Juge, n° 597.
[2] M. Gand, n° 86 ; — Devilleneuve et Carrette, *Recueil des lois*, note sur la loi du 15 juillet 1845, art. 5, n°s 11 et 12.

l'alignement. Cette opinion a trouvé des contradic-
teurs. Je dois présenter sur cette controverse quelques
explications. Aux termes de l'article 3 de notre loi, les
servitudes imposées par les lois et règlements de grande
voirie qui concernent l'alignement, sont applicables
aux propriétés riveraines des voies de fer.

Il est de jurisprudenee constante pour les voies de
terre que la servitude d'alignement ne pèse que sur les
terrains longeant la voie publique actuelle ou celle qui
est destinée à le devenir par suite de rectifications
admises dans les plans d'alignement, et il est également reconnu que les constructions établies en retraite
de l'alignement ne sont pas soumises à cette servitude.[1]
Il résulterait de l'application pure et simple de ces
règles aux riverains des chemins de fer, que la servitude d'alignement et l'obligation de réclamer une permission pour bâtir ne pèseraient que sur ceux qui vou-
draient bâtir sur les limites actuelles de la voie de fer
ou sur les limites fixées par les plans d'alignement.
L'article 5 a modifié cette servitude, il l'a aggravée en
ce qui concerne les constructions autres que les murs
de clôture. Pour les constructions en général, ce n'est
point seulement lorsqu'elles seront établies sur la limite
du chemin de fer que la servitude les atteindra, mais

[1] Rebel et Juge, n° 590.
[2] Ces règles sont développées dans le *Traité sur les servitudes de
voirie*, t. I, n° 14 et suiv.; elles sont adoptées par MM. Doyat, Garnier,
Proudhon, Dumay, Husson, Dufour, Cotelle, Dalloz, Isambert, par les
décisions les plus récentes du conseil d'Etat, et par plusieurs arrêts
de la Cour de cassation.

encore lorsqu'elles ne seront pas en retraite de plus de deux mètres. Mais cette aggravation dans l'application de la servitude d'alignement n'a lieu que pour les constructions autres que les murs de clôture. Ces derniers restent donc régis par la loi commune en matière d'alignement et ils peuvent être établis sans autorisation lorsque, établis dans une zone de deux mètres du chemin de fer, ils ne sont pas placés sur la limite de cette voie.

On m'objecte : Si vous ne soumettez pas le propriétaire riverain à demander une permission pour bâtir un mur de clôture dans la zone de deux mètres, pourvu qu'il s'établisse en retraite de la voie de fer, la surveillance de l'administration ne sera appelée sur bien des constructions, et elle sera mise en défaut. Je réponds : cette surveillance est assez active sur les chemins de fer pour qu'il ne soit pas nécessaire d'employer, pour la reveiller, des moyens plus directs que pour les voies de terre ; ce n'est pas au propriétaire à attirer la surveillance de l'administration sur ce qu'il fait, lorsque la loi l'autorise à le faire. Enfin, si le propriétaire dépasse la limite de ses droits, l'administration pourra toujours obtenir la démolition des ouvrages établis contrairement à la loi et à la sûreté publique.

Au surplus, l'opinion que je soutiens et que je crois fondée en droit et en logique et en équité, ne me paraît être que l'expression de la volonté du législateur, lorsque je me rapporte aux débats qui ont eu lieu à la Chambre des pairs, entre M. le comte Cholet et M. le sous-secrétaire d'Etat des travaux publics.

84. — Dans une première rédaction de l'article, à
la Chambre des pairs, on avait dit qu'aucune construction ne pourrait être établie dans une distance de deux
mètres du *franc-bord* du chemin de fer ; comme nulle
part on ne trouve une définition légale de ce qu'on doit
entendre par franc-bords, on craignit à la Chambre des
députés que le point de départ ne fût pas assez sûre-
ment fixé, et on proposa de dire que les deux mètres
seraient comptés à partir de la limite du chemin de fer.
La loi étant retournée à la Chambre des pairs, cette
rédaction fut modifiée sur les observations présentées
par le rapporteur, M. Persil. On pensa que si on laissait
les mots *de la limite*, l'article 5 pourrait donner lieu à
des abus au préjudice de l'Etat et des compagnies, en
paraissant déterminer les limites légales du domaine
des chemins de fer d'avec les propriétés riveraines, au
point de vue de la propriété. M. Persil disait : « La
limite d'un chemin de fer, en ce qui touche le droit de
propriété, au regard des héritages contigus, n'est pas
et ne peut pas être légalement déterminée dans une loi
de servitude où doit se trouver seulement le point de
départ de la servitude.[1] » La Chambre fit alors disparaître le mot *limite* des chemins de fer, elle le remplaça
par le mot *distance* des chemins de fer. De sorte que la
fixation de cette distance et du lieu d'où elle est comptée, d'après les dispositions que nous allons indiquer,
laissent complètement entières toutes les questions

---

[1] Séance de la Ch. des pairs du 16 avril 1845 (*Moniteur* du 17) et le
2e rapport de M. Persil, dans le *Moniteur* du 18 mars 1845.

concernant l'étendue de la propriété des chemins de fer.

Quel est le point d'où l'on doit partir pour déterminer les deux mètres frappés de la servitude *non œdificandi* le long des chemins de fer ?

Plusieurs membres de la Chambre des pairs auraient voulu qu'on adoptât un point de départ invariable, et on proposait de compter les deux mètres à partir d'une ligne tirée à un mètre cinquante centimètres du rail extérieur de la voie de fer. Cette disposition s'est maintenue dans la loi, mais sans conserver la généralité qu'on voulait lui donner d'abord. Elle n'est applicable que lorsqu'on ne peut compter la distance soit de l'arête supérieure du déblai, soit de l'arête inférieure du remblai, soit du bord extérieur des fossés du chemin ; voici au surplus le texte de la loi :

« La distance de deux mètres sera mesurée soit de l'arête supérieure du déblai, soit de l'arête inférieure du talus du remblai, soit du bord extérieur des fossés du chemin, et à défaut, d'une ligne tracée, à un mètre cinquante centimètres à partir des rails extérieurs de la voie de fer.[1] »

Je le répète, on ne peut voir, dans cette fixation des limites des lieux soumis à la servitude , une règle de limitation du chemin de fer d'avec l'héritage voisin.

85. — La loi ne s'occupe pas de la clôture qui doit

[1] La loi Belge ne permet de faire des constructions sans autorisation qu'à la distance de 8 mètres des franc-bords du chemin de fer. Loi du 15 avril 1843, art. 1.

entourer chaque chemin de fer pour déterminer la zone frappée de servitude, on ne devra donc avoir aucun égard à cette clôture, fût-elle en maçonnerie ; on devra toujours rechercher, pour établir le point de départ des deux mètres, l'arête du déblai ou du remblai ou le bord extérieur des fossés, et, à défaut, le point où aboutit un mètre cinquante centimètres à partir des rails extérieurs de la voie de fer. Ce qui établit dans ce dernier cas, entre les rails et le point extrême qu'atteint la servitude, une distance de trois mètres cinquante centimètres.

86. — Un chemin destiné à recevoir deux voies peut provisoirement n'en avoir qu'une. Dans ce cas, la distance de un mètre cinquante du côté où une seconde voie doit être posée, doit être comptée non point à partir de rails établis, mais du point où devra être posé le rail extérieur de la seconde voie.[1]

87. — Pour déterminer ce dernier point, il y aura lieu de consulter les plans approuvés. Le cahier des charges annexé à la loi du 15 juillet, 12 août 1840, relative au chemin de fer de Paris à Rouen, reproduit par la plupart des cahier des charges annexés aux concessions postérieures de chemins de fer, donne sur ces fixations des indications suivantes qu'il peut être utile de consulter :

« La largeur du chemin de fer en couronne est

fixée, pour deux voies, à huit mètres trente centimètres dans les parties en levées et à sept mètres quarante centimètres dans les tranchées et les rochers, entre les parapets des ponts et dans les souterrains. La largeur de la voie, entre les bords intérieurs des rails, devra être d'un mètre quarante-quatre centimètres au moins ; la distance entre les deux voies sera au moins égale à un mètre quatre-vingts centimètres, mesurée entre les faces extérieures des rails de chaque voie. La largeur des accotements ou, en d'autres termes, la largeur entre les faces extérieures des rails extrêmes et l'arête extérieure du chemin, sera au moins égale à un mètre cinquante centimètres dans ses parties en levées, et à un mètre dans les tranchées et les rochers entre les parapets des ponts et dans les souterrains. »

88. — Notre article, après avoir défendu aux riverains d'établir des constructions dans une distance de deux mètres d'un chemin de fer, règle en ces termes le régime des constructions déjà établies : « Les constructions existantes au moment de la promulgation de la présente loi, ou lors de l'établissement d'un nouveau chemin de fer, pourront être entretenues dans l'état où elles se trouveront à cette époque. »

Cette disposition n'a été adoptée qu'après des débats très vifs et prolongés, et après de nombreuses modifications qui ont seules retardé longtemps l'adoption définitive de la loi.

Je ne rapporterai pas dans tous leurs détails ces débats, mais pour indiquer les motifs qui ont déter-

miné l'adoption de la rédaction de l'article 5, tel qu'il
est passé dans la loi, je crois devoir citer les dernières
explications qui eurent lieu dans la séance de la Chambre des députés du 27 mai et dans la séance de la
Chambre des pairs du 2 juillet 1845.

M. Taillandier, prenant la parole sur le dernier paragraphe de l'article 5, disait à la Chambre des députés :

« La rédaction de ce paragraphe a donné lieu, dans
cette Chambre, à de sérieuses difficultés. Il s'agit, en
effet, de savoir jusqu'à quel degré on respectera les
droits acquis. Après plusieurs rédactions proposées par
divers membres, la Chambre des députés s'était arrêtée
à celle dont je vais donner lecture :

« Toutefois, les constructions existantes au moment
« de la promulgation de la présent loi, ou lors de l'é-
« tablissement d'un nouveau chemin de fer, pourront
« être *entretenues, réparées* et *reconstruites* dans l'état
« où elles se trouveront à cette époque. »

« Cette rédaction a été traitée fort cavalièrement à
la Chambre des pairs. Un membre s'est beaucoup
plaint de l'inadvertance qui aurait présidé, suivant lui,
à son adoption, et il a prétendu qu'elle avait été adoptée sans que la Chambre eût eu le temps d'y réfléchir.
C'était une erreur, car une très grande partie de la
séance avait été consacrée à la discussion de cette rédaction, et c'est en très grande connaissance de cause
qu'on l'avait adoptée. Par les mots « reconstruction
dans l'état où elles se trouveraient à cette époque, » il
était évident que la Chambre entendait que les constructions auprès desquelles passeraient des chemins de

fer, et qui serait dans la zone de la servitude, pourraient être reconstruites, non pas dans des proportions plus considérables que celles où elles se trouveraient lorsque le chemin de fer serait fait, mais au moins dans la même situation. Quoi qu'il en soit, on a prétendu que ce paragraphe n'était pas clair, et la Chambre des pairs, pour le corriger, est arrivée à une rédaction qui n'a pas satisfait, et je le conçois parfaitement, la commission de la Chambre des députés.

« Je demanderai à la commission si, par ces mots : « pourront être entretenues » elle entend des travaux confortatifs. S'il en est ainsi, la rédaction ne serait peut-être pas suffisante, et il faudrait dire : *entretenues et réparées.*

« Je ne parle pas de la reconstruction. Puisque notre rédaction a été repoussée catégoriquement par la Chambre des pairs, je ne veux pas entraver la loi que je reconnais comme très utile, mais je voudrais qu'elle fût conçue dans des termes qui ne donnassent pas lieu à des difficultés. Vous savez combien, en matière de voirie, les mots ont de l'importance ; or, je crois que si l'on se contente du mot *entretenues*, il pourrait en résulter qu'on autoriserait les travaux d'embellissement tels que ceux de badigeonnage ; mais que l'on n'autoriserait pas des travaux reconfortatifs pour empêcher des constructions de tomber.

« Les chemins de fer vont traverser de nombreuses localités ; ce serait imposer des charges considérables à certains propriétaires de ces localités que de ne pas

leur permettre d'entretenir leurs propriétés, ce serait les
priver d'une portion notable de leur fortune.

« Par ces motifs, je demande à la commission si elle
ne verrait pas d'inconvénient d'ajouter les mots : *entretenues et réparées.* »

M. le vicomte Prosper de Chasseloup-Laubat :
« Messieurs, dans l'article qui est en discussion, nous
avons proposé de dire que les contructions existantes
dans la zone de la servitude pourraient être *entretenues*
dans leur état actuel. L'honorable M. Taillandier vous
demande d'ajouter le mot *réparées*. Nous ne croyons
pas pouvoir accepter cette modification, qui n'ajoute-
rait rien d'ailleurs à la portée de l'article. Ainsi que
vient de vous le rappeler l'honorable préopinant, c'est
sur sa proposition que, dans la discussion qui a eu lieu
au mois de février, vous aviez déclaré que les constructions existantes, dont nous vous demandions,
comme aujourd'hui, d'autoriser l'entretien, pourraient
être *réparées et reconstruites.* Non-seulement cette faculté que vous aviez voulu donner aux propriétaires a
été repoussée par la Chambre des pairs, mais on substitua à l'article que vous aviez adopté un paragraphe
qui consacrait un système tout contraire et qui avait
pour but de prohiber toute réparation des bâtiments
existants dans la zone; autrement dit, qui les soumet à
la servitude d'alignement.

« Votre commission, messieurs, n'a pas cru devoir
vous proposer d'adhérer à ce système; il lui a semblé
que si la loi pouvait, dans un intérêt général, apporter
quelques restrictions au droit absolu de la propriété,

elle ne pouvait, sans avoir un effet rétroactif, porter atteinte à l'usage qui déjà avait été fait de ce droit. Mais en même temps, messieurs, votre commission a reconnu que, s'il fallait respecter le fait existant en vertu d'un droit, il ne fallait pas créer un privilége. Or, c'est évidemment ce qui devait résulter de l'amendement que vous aviez adopté.

« En effet, lorsque malgré l'entretien le mieux entendu, les constructions existantes dans la zone de la servitude devront disparaître, le propriétaire qui les possédait sera dans la même situation que tous les propriétaires de terrains placés également dans la zone de servitude; et puisque la loi prohibe toute construction nouvelle, elle ne saurait, sans violer les règles de la justice, autoriser une *reconstruction* totale, qui n'est en réalité qu'une construction nouvelle à la place d'une ancienne.

« Pour rendre notre pensée, nous avions devant les yeux un exemple qu'il était d'autant mieux de suivre, que la règle que nous voulions établir n'avait, dans la pratique, donné naissance à aucune difficulté; je veux parler de la loi sur les servitudes militaires, que déjà j'ai citée dans cette discussion.

« Que dit cette loi de 1819, messieurs? Que les constructions existantes pourront être *entretenues* dans leur état actuel.

« Mais quelle est la portée de ces expressions, nous demande l'honorable préopinant? La réponse est facile, c'est l'ordonnance d'exécution du 1er août 1821 qui s'est chargée de la faire; et la jurisprudence qui applique et la loi de 1819 et l'ordonnance de 1821 n'a rencontré aucun obstacle.

« C'est que les constructions existantes peuvent être entretenues, réparées ; que les travaux confortatifs sont autorisés, que les reconstructions partielles mêmes sont permises, à la charge toutefois de ne point augmenter l'importance de ces constructions.

« Ainsi, que l'honorable préopinant se rassure ; s'il ne veut que laisser aux propriétaires la faculté d'entretenir, c'est-à-dire de conserver aussi longtemps que cela est raisonnablement possible les bâtiments qu'ils possèdent dans la zone, il peut voter notre article, c'est là ce que nous avons voulu, rien de plus, mais rien de moins.

« L'expression que nous avons empruntée à la loi de 1819, que l'ordonnance de 1821 a expliquée, comme je viens de le dire, et que le gourvernement entend comme nous, cette expression suffit. Mais si au contraire l'honorable préopinant désire plus que cela, alors nous serions obligés de le combattre ; aller au delà ce serait, comme nous l'avons dit, vouloir créer un privilége, et je ne pense point que ce soit dans son intention.

« Je prie donc la Chambre de vouloir bien adopter l'article tel que nous avons eu l'honneur de le lui présenter. »

M. Taillandier : « D'après l'observation de M. le rapporteur, je retire l'amendement que j'avais proposé. Mon intention n'était autre que de bien établir la possibilité de faire des travaux confortatifs. Cela étant bien entendu, je n'insiste plus. »

M. le Président : « L'amendement étant retiré, je mets le paragraphe aux voix. »

(Les troisième et quatrième paragraphes de l'article 5 sont successivement mis aux voix et adoptés, ainsi que l'ensemble de l'article.)

La loi étant revenue à la Chambre des pairs, la rédaction adoptée par la Chambre des députés fut entièrement maintenue. Mais la Chambre des pairs fut loin d'attribuer à cet article la même portée que la Chambre des députés, comme il est facile de s'en convaincre par l'extrait suivant de la séance du 2 juillet :

M. Persil, rapporteur : « Messieurs, dans une de vos précédentes séances, vous avez renvoyé à la commission l'examen de l'article 5 du projet de loi. Je viens vous rendre compte, sinon des discussions, du moins des conversations qui se sont établies entre M. le ministre des travaux publics et vos commissaires, et dont je puis vous annoncer à l'avance l'heureux résultat.

« Pour mettre la Chambre à même d'apprécier nos conclusions, je poserai en très peu de mots la difficulté telle qu'elle s'est présentée.

« En établissant des chemins de fer, on a compris qu'il fallait, pour la sûreté publique, exiger des sacrifices de la part de la propriété particulière. On l'a, par cela même, grevée de servitudes; on a décidé qu'à deux mètres de la limite du chemin de fer, il ne pourrait être élevé aucune construction, et qu'à l'égard des constructions existantes, on pourrait y faire certaines réparations que la loi devait définir.

« C'est précisément sur cette définition que s'est élevée, à l'une de vos dernières séances, la difficulté que vous avez à apprécier. Je crois devoir vous en faire l'historique.

« Lorsque le projet de loi se présenta ici pour la première fois, la Chambre ne se crut pas obligée de statuer spécialement à l'égard des constructions existantes ; de ce que l'article 3 décidait qu'elles demeuraient soumises à la loi des alignements, il lui semblait qu'il n'y avait rien à ajouter.

« Le projet de loi fut porté à la Chambre des députés ; une autre opinion s'y forma. On demanda et la Chambre décida que les propriétaires de ces constructions pourraient les entretenir, les réparer et les reconstruire (les trois expressions sont dans la rédaction de l'article).

« Le projet rapporté à la Chambre des pairs, votre commission essaya de démontrer que si les propriétaires riverains avaient le droit d'entretenir les constructions existantes de façon à prévenir l'action du temps, ils ne pouvaient cependant les réparer d'une manière générale, et encore moins les reconstruire. Elle motiva son opinion sur ce que, si l'on donnait au propriétaire riverain le droit de réparer d'une manière générale, et à côté de ce droit celui de reconstruire, c'était décider nettement que les constructions existantes ne seraient pas assujetties à la servitude, puisque, au moyen de ces réparations et constructions, l'immeuble pouvait toujours être remis sur pieds.

« Cette opinion triompha des objections qui furent alors élevées, et la Chambre, sur la proposition de la commission, décida que les constructions existantes seraient soumises aux lois et règlements de l'alignement.

« Le projet présenté à la Chambre des députés, la commission proposa de décider que les lois de l'alignement d'une manière générale ne seraient pas applicables à ces constructions, mais qu'on pourrait les entretenir.

« A la discussion en séance publique, ce mot *entretenir* reçut une large interprétation ; le rapporteur, énonçant sans doute plutôt son opinion personnelle que celle de la commission, avança que dans le mot *entretenir* se trouvait le mot *réparer*.

« Ce fut dans cette situation que le projet vous fut présenté il y a quelques mois, et renvoyé à la commission.

« La commission, persistant dans les principes qu'elle avait manifestés, qu'on suppose n'avoir pas été bien rendus à cette époque, ce qui vous sera expliqué tout à l'heure par M. le ministre des travaux publics, la commission trouva que le mot *entretenir*, dont se servait l'article, sans être suivi des mots *réparer* et *reconstruire*, rendait parfaitement sa pensée. Suivant elle, le propriétaire de constructions pourrait faire les réparations d'entretien, mais non réparer d'une manière générale, c'est-à-dire faire des travaux reconfortatifs, ni reconstruire ; mais comme c'était le texte de l'article 5 qui vous était soumis, et non les opinions ou les interprétations du rapport, avec les simples observations que je viens d'émettre dans ce moment, la commission vous proposa d'adopter l'article.

« M. le commissaire du roi et M. le ministre des travaux publics trouvèrent, moins peut-être dans le texte des explications que nous donnions à la tribune que dans celles que nous donnions dans le rapport, que le mot *entretenir*, tel que nous l'exposions, était trop restrictif.

« C'est dans cet état, et lorsqu'on vous proposait d'accepter un mot dont le sens était différemment interprété, que vous crûtes devoir renvoyer à la commission.

« Le premier devoir de votre commission était évidemment de s'entendre ou de chercher à s'entendre avec M. le ministre des travaux publics. La discussion était déjà embarrassée, même au sein de la commission, des analogies que nous voulions faire les uns et les autres, nous tous les premiers, en assimilant cette servitude avec la servitude générale de l'alignement, et peut-être aussi M. le ministre en cherchant, lui, à l'étendre par l'interprétation que l'administration pouvait lui donner.

« Pour éloigner toute difficulté sur l'application de la servitude d'alignement d'une manière générale, on proposa d'énumérer, un à un, chacun des droits que pouvait avoir le propriétaire de constructions ou qui pouvaient lui être refusés.

« Ainsi on a dit : Le propriétaire de ces constructions aura-t-il le droit de les entretenir? Unanimement,
il y eut affirmative.

« Aura-t-il le droit de les réparer? De quelles réparations entendons-nous parler? de réparations conser-
vatives, de réédifications? Non, disait la commission.
M. le ministre de dire aussi : Non, ce n'est pas ce que
nous voulons.

« A l'instant même, nous avons été d'accord. Il a
été compris par ces seules explications que le mot
entretenu exprimait ce qu'on appelle dans l'usage des
réparations d'entretien, réparations que nous n'avons
pas besoin de définir, réparations qui sont définies,
pour une certaine portion, par notre droit civil, réparations qui sont encore définies par l'administration qui
est chargée d'y veiller.

« Ainsi, nous voilà bien d'accord sur le mot. Le propriétaire de ces constructions ne pourra pas rebâtir
d'une manière générale ; il ne pourra pas rebâtir partiellement ; si un mur tombe, il ne pourra par le relever ; il ne pourra pas (j'emploie exprès le mot en usage)
faire des réparations reconfortatives, mais il pourra
faire toutes les réparations d'entretien.

« Maintenant, quand il s'agira de savoir si ce qu'il
veut faire est réparation d'entretien ou ne l'est pas, on
aura à faire ce qui se fait tous les jours, c'est-à-dire
que quand le propriétaire d'un immeuble frappé de servitude, pour cause ou intérêt public, veut faire toucher
à son immeuble, il ne le peut pas, d'après les règlements, sans aller faire sa déclaration à l'autorité. L'au-

torité envoie ce qu'on appelle *le voyer* pour s'informer qu'elles sont les réparations qu'on veut faire. Ce sont des réparations d'entretien ou ce n'en sont pas. Si le voyer juge que ce sont des réparations d'entretien, il les laissera faire ; s'il juge le contraire, on se pourvoira devant l'autorité, devant le conseil de préfecture, et ensuite, s'il y a lieu, devant le conseil d'Etat.

« Vous concevez très bien que les réparations d'entretien sont tellement diverses qu'il serait impossible de les définir dans la loi. Pour régler cette matière, il y a les lois, les usages et les anciens arrêtés du conseil qui ont fixé la jurisprudence ; on ira devant l'administration, qui décidera si les réparations qu'on veut faire sont ou ne sont pas des réparations d'entretien : si ce sont des réparations d'entretien, on les autorisera ; si ce sont des réparations reconfortatives, on ne les autorisera pas.

« De cette manière, l'expression que vous laissez subsister dans l'article 5 est claire et nette. Je dis qu'elle est claire, parce que la jurisprudence qui l'interprète est bien établie depuis plusieurs siècles.

« Ainsi disparaîtront toutes les difficultés qui s'étaient élevées à l'une de nos dernières séances ; ainsi cesseront en même temps les débats qui avaient eu lieu entre la commission et M. le ministre des travaux publics. »

M. Dumont, ministre des travaux publics : « Je dois, à mon tour, avoir l'honneur d'expliquer à la Chambre quels ont été les motifs de dissentiment qui, à la dernière séance, s'étaient élevés entre la commission et nous.

« La Chambre sait que, dans sa première rédaction, elle avait déclaré que les lois sur l'alignement étaient applicables aux constructions actuellement existantes sur le terrain frappé de servitude par la loi qui est en discussion devant elle.

« Un amendement introduit par l'autre Chambre a substitué, à cette rédaction, celle dont M. le rapporteur a proposé l'adoption. En le proposant, M. le rapporteur pensait que cette rédaction était équivalente à celle que cette chambre avait précédemment adoptée.

« Je n'entrerai pas devant la Chambre dans des discussions de droit administratif extrêmement subtiles ; je dois lui dire cependant, en peu de mots, les inconvénients que je trouvais à faire revivre la rédaction qui assujettissait à la loi de l'alignement les constructions actuellement existantes sur les terrains frappés de servitude. C'était, comme j'ai eu l'honneur de le dire à la commission, trop et trop peu ; c'était trop, car les maisons atteintes par la loi d'alignement sont, pour ainsi dire, de l'administration ; aucune construction ne peut s'y faire dans la main que l'administration ne l'approuve ; elle est armée à leur égard du pouvoir discrétionnaire le plus absolu. Nous pensions qu'il ne fallait pas soumettre à cette loi si rude les constructions existantes, que les chemins de fer étaient venus pour ainsi dire trouver, et qui ne retirent pas de ce voisinage imprévu les avantages que les voies ordinaires apportent aux constructions riveraines.

« Ce n'était pas assez, car la loi sur l'alignement ne s'applique qu'aux travaux des murs de face ; les travaux

intérieurs, s'ils ne sont pas reconfortatifs des murs de
face, échappent à l'application de la loi d'alignement.
Or, dans la position où nous nous trouvons, il importe
à l'État, qui peut avoir à exproprier ces maisons pour
cause d'utilité publique, qu'elles n'acquièrent pas plus
d'importance, plus d'étendue et plus de valeur.

« Il importait donc de mettre dans les mains du gouvernement un pouvoir qui permît à l'administration
d'empêcher qu'on agrandît, qu'on exhaussât ces maisons, de manière à en augmenter la valeur. J'éprouvais
donc quelque inquiétude que le rapport pensât qu'on
ne faisait autre chose que faire une application nouvelle
des lois sur l'alignement, lorsque je croyais utile d'introduire un droit nouveau sur le fond duquel j'avais
l'espérance de m'entendre avec la commission.

« Le gouvernement entend, comme la commission,
que lorsqu'une maison se trouve sur un terrain frappé
de servitude, dans l'intérêt de la sécurité publique, il est
atteint d'une certaine servitude ; que cette servitude consiste à ce que cette maison peut seulement être entrete-
nue dans son état actuel, mais que tout ce qui dépasse
l'entretien n'est pas permis ; que tout ce qui tend à l'a-
grandissement de la maison ne l'est pas davantage ;
que, cette règle ainsi posée, les innombrables applications dont elle est susceptible ne sont plus matière de
loi, mais matière de jurisprudence. Si j'avais voulu
faire passer sous les yeux de la Chambre toutes les
variétés de travaux d'entretien reconnus comme tels
par le conseil d'Etat, je lui aurais montré plusieurs
volumes. J'ai donc pensé que ce qu'il y avait de plus

pratique à faire, c'était de poser dans la loi le principe
que ces maisons pouvaient être entretenues, mais qu'on
ne pouvait pas faire plus que des travaux d'entretien,
et de s'en référer ensuite à l'administration et au conseil
d'État, c'est-à-dire à la jurisprudence administrative,
pour caractériser ce qui dépasserait le droit d'entretien.

« C'est dans ces termes que je prie la Chambre de
vouloir bien adopter l'article. » (Marques d'assentiment.)

Il résulte de ces documents que le mot entretenir,
qui est seul resté dans la loi, a été entendu dans un
sens bien différent par les deux Chambres.

Suivant la Chambre des pairs, le propriétaire ne peut
pas rebâtir d'une manière générale, il ne peut pas rebâtir partiellement, il ne peut pas relever un mur tombé,
il ne peut pas faire des réparations reconfortatives, il
ne peut faire que des réparations de simple entretien.

D'après la Chambre des députés, au contraire, les
constructions existantes peuvent être entretenues, réparées; les travaux confortatifs sont autorisés, les constructions partielles mêmes sont permises, à la charge de
ne pas augmenter l'importance des constructions existantes.

Quant au gouvernement, il paraît n'adopter ni l'interprétation large donnée par la Chambre des députés,
ni le sens restrictif donné au mot entretenir par la
Chambre des pairs, et il semble vouloir désirer qu'on
lui laisse, dans la pratique, le soin d'apprécier si les
réparations devront être permises ou prohibées.

Que faire avec des éléments de décision si contradictoires? A quelle pensée doit-on se ranger? On a beaucoup parlé à la Chambre des pairs du rapport qui existait entre la servitude *non œdificandi* et la servitude d'alignement. On nous paraît avoir considérablement exagéré les motifs d'assimilation.

La servitude d'alignement, telle qu'elle est établie par nos anciennes lois, aujourd'hui encore en vigueur, ne s'applique qu'à des constructions qui doivent disparaître pour livrer à la voie publique le terrain sur lequel elles sont élevées. Ce terrain est nécessaire pour la voie publique, pour la sûreté et la facilité de la circulation, on doit veiller à ce que le propriétaire ne retarde point, par un procédé quelconque, le moment où le public pourra se mettre en possession du sol incorporé à la route par l'alignement. La maison frappée par l'alignement détruite, le riverain rebâtira sur les limites de la voie publique, et on lui paiera le sol abandonné, dont la propriété passera de ses mains dans celles de l'État, pour tomber dans le domaine public.

Le sol sur lequel se trouve la construction du riverain de la voie de fer n'est point nécessaire à l'établissement de la voie publique, il ne doit pas changer de propriétaire, à charge d'indemnité; le riverain le conserve grevé d'une servitude pesante, et comme ce n'est point une dépossession qu'il souffre, mais une simple modification dans la jouissance, en vertu d'une loi générale de police, il ne recevra aucune indemnité.

Ce sont là des positions bien différentes, elles doivent entraîner une différence dans l'application du droit.

Pour entendre équitablement la loi de 1845, sans

s'écarter des prescriptions littéralement insérées dans son texte, il faut tenir que les règles rigoureuses édictées en matière d'alignement ne sont pas applicables aux constructions édifiées en dehors de la limite des voies de fer, dans la zone frappée de la servitude *non œdificandi*. Si le propriétaire riverain de la voie de fer ne peut construire à nouveau, par suite de la servitude qui pèse sur lui, il doit pouvoir conserver sa chose dans l'état où elle était avant que la servitude ne vînt l'atteindre, sinon la charge qui pèse sur lui n'est point une servitude, une modification dans la jouissance, mais une expropriation, une dépossession complète. Ce riverain devra être autorisé à faire aux constructions antérieures à l'établissement de la voie toutes les réparations d'entretien qui lui permettront d'assurer l'existence de ces constructions; il pourra les entretenir, les reconforter, faire tous les travaux nécessaires pour assurer la conservation de sa propriété. Il pourra relever les murs menaçant ruine, établir en pierres de taille des encoignures en simple maçonnerie, enfin faire tout ce qui sera utile pour maintenir ces constructions et en jouir indéfiniment, à charge de ne point les modifier. Il ne pourrait point, par exemple, placer des contre-murs ou piliers qui avanceraient plus que les anciennes constructions, établir des ailes, accroître d'un étage son habitation, il faut que sa chose soit toujours la même; il ne pourra point en accroître l'importance, mais il pourra faire tout ce qu'il jugera convenable pour en assurer la durée. Il est frappé d'une servitude qui l'empêche d'élever des constructions nouvelles, il doit s'y soumettre, mais l'empêcher de jouir de sa chose et de la conserver sans indemnité, serait une suprême injustice. Dans tous les lieux où la voie de fer traverserait des habitations agglomérées, on porterait çà et là la ruine dans les familles, en les forçant à abandonner les biens les plus légitimement acquis.

Il est vrai, de pareilles constructions peuvent dans certains cas, à cause de leur proximité du chemin de fer, être dangereuses et menacer la sûreté de la voie, mais, dans ce cas, l'article 10 de la loi du 15 juillet 1845 donne à l'administration les moyens de satisfaire à toutes les exigences de l'intérêt public, en donnant une juste indemnité à ceux qui peuvent souffrir des mesures qu'il est nécessaire de prendre.

Nous dira-t-on : la signification que vous donnez au mot *entretenu* peut être équitable, mais elle est contraire à la volonté du législateur. Je réponds : cette interprétation, parfaitement conforme au texte de la loi de 1845, est corroborée par l'ensemble des dispositions de cette loi et son économie ; j'ajoute : elle est conforme à l'intention du législateur. La Chambre des députés, en votant l'article, a entendu donner au mot entretenir le sens le plus large. Lorsque cet article, ainsi rédigé, est arrivé à la Chambre des pairs, cette dernière a su, par ce que lui en a dit son rapporteur, quel sens la chambre des députés avait donné à la rédaction qu'elle avait adoptée ; en adoptant elle-même cette même rédaction, la Chambre des pairs n'a pu changer la portée de la loi, telle qu'elle avait été votée par l'autre Chambre. De plus, la Chambre des pairs, dans la séance du 2 juillet, où a eu lieu son vote définitif, a été déterminée moins par les observations présentées par son rapporteur que par les paroles du ministre des travaux publics, qui revendiquait pour l'administration le droit de déterminer quelles seraient les réparations autorisées. De sorte que tout ce qu'il est permis de dire, c'est que la Chambre des pairs a fini par ne pas se prononcer sur la portée du mot entretien, et qu'elle a, par suite, laissé dans toute sa force l'interprétation donnée par la Chambre des députés.

Les propriétaires de constructions placées dans la zone frappée de la servitude *non œdificandi* pourront donc faire tout ce qui sera nécessaire pour perpétuer leur propriété, à charge de ne point la modifier en lui faisant subir des agrandissements. [1]

89. — Telle est la règle que nous proposons de suivre, mais, en cas de difficulté, qui décidera si elle a été suivie?

Cette question peut se présenter dans des circonstances différentes. Ou le propriétaire demandera l'autorisation d'agir, ou, ayant agi, l'administration lui contestera le droit de faire ce qu'il aura fait.

Si le propriétaire prend l'initiative, il devra présenter sa demande au préfet, administrateur compétent en matière de grande voirie, celui-ci statuera sur le rapport

[1] *Sic* Duvergier, année 1845, pag. 300, — Rebel et Juge, n° 596; — Devill., *Recueil des lois et arrêts,* sur l'art. 5, n° 13, pag. 69, 5° col.; — *contra,* Gand, n° 90.

d'un ingénieur, sauf recours au ministre. Le pourvoi ne peut être porté directement au conseil d'État, à moins qu'il ne soit motivé sur une incompétence ou un excès de pouvoir. Ajoutons que les décisions ministérielles ne peuvent être déférées au conseil d'État par la voie contentieuse, lorsqu'elles constituent des actes de simple administration, ce n'est que lorsqu'elles constituent des jugements que le recours par cette voie est admissible. [1]

Lorsque le propriétaire, au lieu de se retirer devant le préfet pour obtenir une autorisation préalable, aura touché sans autorisation à ses constructions et que l'administration croira qu'il a dépassé ses droits, elle devra le citer devant le conseil de préfecture, sauf recours au conseil d'État, pour faire prononcer l'amende et ordonner la démolition.

90. — M. le rapporteur à la Chambre des députés faisait remarquer que la disposition que nous étudions n'est point applicable aux couvertures en chaume dont l'administration peut toujours proscrire la conservation. [2] Nous nous contentons de rappeler cette remarque

---

[1] *Servitudes de voirie*, t. I, n° 43, et les ordonnances du Conseil qui y sont citées.

[2] Séance du 31 janvier 1845 Ch. des députés (*Moniteur* du 1er fév.). Dans cette séance, M. de la Plesse ayant demandé au rapporteur si la disposition de l'article 5 s'appliquerait aux couvertures en chaume, le rapporteur rappella comment la commission s'était exprimée dans son rapport : « Toutefois il reste entendu que cette exception ne s'applique point aux couvertures en chaume, dont l'administration peut toujours, par simple mesure de police, soit générale soit municipale, proscrire la conservation. »

parfaitement juste, et nous renvoyons au commentaire sur l'article 7 pour plus de développement.

91. — La loi autorisant les propriétaires des constructions qui existent au moment de sa promulgation ou au moment de l'établissement d'un nouveau chemin de fer à les entretenir dans l'état où elles se trouveront à cette époque, il était nécessaire de régler le mode de constatation de cet état, et c'est pour cela que notre article ajoute : « Un règlement d'administration publique déterminera les formalités à remplir par les propriétaires pour faire constater l'état desdites constructions et fixer le délai dans lequel ces formalités devront être remplies. »

92. — Un règlement d'administration publique s'entend d'un acte émané du pouvoir exécutif, après délibération en conseil d'État. Cela résulte de l'article 52 de l'acte constitutionnel du 22 frimaire an VIII, des articles 8 et 9 de l'arrêté des consuls du 5 nivôse suivant, de l'article 6 de l'ordonnance du 19 avril 1817. En conséquence, un arrêté du préfet ne peut le remplacer, pas même un règlement général fait par le ministre des travaux publics. [1]

[1] *Sic* deux arrêts de rejet du 10 mai 1844, chemin de fer de Rouen; arrêt de rejet, 2 mai 1845, chemin de fer de Rouen; arrêt de rejet, 25 avril 1847, chemin du nord. J'ai vainement recherché le règlement qui devait être fait en exécution des dispositions que j'examine; M. A. Husson, chef de division à la préfecture de la Seine, faisait remarquer, dans la seconde édition de son *Traité sur la législation des travaux publics*, publié en 1850, qu'à cette date ce règlement n'avait pas été fait.

93. — Le législateur, en disposant que l'on cons-
taterait l'état des constructions au moment de l'établissement de la voie de fer, pour qu'elles puissent être
entretenues dans l'état où elles se trouvaient alors,
nous autorise à persévérer dans l'opinion que nous
émettions tantôt, lorsque nous soutenions que l'on
pouvait faire à ces constructions tous les travaux que
l'on jugerait utiles à leur conservation, à charge de
ne pas les modifier par des accroissements. S'il s'agissait d'appliquer à ces constructions les règles de l'alignement seules, comme paraissait le dire le rapporteur
de la loi à la Chambre des pairs, cette dernière disposition de la loi serait parfaitement inutile. L'administration n'aurait qu'à veiller, comme elle le fait pour les
édifices soumis à l'alignement, à ce qu'il ne fût pas fait
des réparations.

94. — Nous ne nous sommes occupés jusqu'ici que
des constructions existantes au moment de l'établissement d'une voie de fer. Il peut se faire qu'au moment
où la voie est décretée et construite, une maison soit
en construction sur la zone asservie; en appliquant textuellement la loi, il faudrait soutenir que cette construction devrait être laissée dans l'état où elle se trou-
verait en ce moment. Dans certains cas, ce résultat
serait vraiment inique, il entraînerait le plus souvent la
perte totale et immédiate de la construction entière.
Aussi croyons-nous qu'il faut distinguer, comme on est
dans l'habitude de le faire en matière d'alignement,
dans le cas où des modifications dans les plans d'aligne-

ment sont dénoncés à un propriétaire auquel un alignement avait été délivré en suivant les anciens plans : les
constructions sont-elles assez avancées pour être de
nature à attribuer un droit acquis, elles doivent être
terminées et conservées ; si elles ne présentent aucune
importance, que, par exemple, elles n'atteignent pas le
rez-de-chaussée, elles doivent être arrêtées et aban-
données, [1] sauf et réservé tout droit à une indemnité. [2]

[1] *Servitudes de voirie*, t. 1, n° 40 ; — conseil d'État, 3 mai 1839
(Maricot) ; 15 juillet 1841 (Turin).
[2] Cons. d'État, 12 déc. 1818 (Hazet) ; 14 juin 1836 (Boussac) ; —
Serrigny, t. II, n° 1205 ; — Proudhon, n° 403 ; — de Cormenin ; —
Ravenne ; — *Servitudes de voirie*, t. I, n° 198.

ARTICLE VI.

Dans les localités où le chemin de fer se trouvera en remblai de plus de trois mètres au-dessus du terrain naturel, il est interdit aux riverains de pratiquer, sans autorisation préalable, des excavations dans une zone de largeur égale à la hauteur verticale du remblai, mesurée à partir du pied du talus.

Cette autorisation ne pourra être accordée sans que les concessionnaires ou fermiers de l'exploitation du chemin de fer aient été entendus ou dûment appelés.

—

SOMMAIRE.

toutes les excavations qui peuvent nuire à la sûreté du chemin de fer.

101 — Excavations existantes au moment de l'établissement d'un chemin.

102 — L'administration peut lever les prohibitions établies par l'article 6.

103 — C'est le préfet qui statue.

104 — La demande adressée au préfet doit être dénoncée au concessionnaire ou fermier de l'exploitation du chemin de fer.

95. — La loi Belge, après avoir réglé l'exploitation des mines, minières et carrières près des chemins de fer, ajoute : « Dans les localités où le chemin de fer se trouve en remblai de plus de trois mètres sur le terrain naturel, les riverains ne pourront, sans autorisation du gouvernement, pratiquer des excavations dans une zone égale en profondeur à la hauteur verticale du remblai et mesurée à partir du pied du remblai. »

La disposition de la loi belge est presque textuellement reproduite dans la rédaction proposée par la commission de la Chambre des députés et sanctionnée par la loi.

96. — Le motif de la prohibition édictée par l'article 6 est facile à apercevoir ; on a voulu éviter des éboulements ou des affaissements de terrains qui pourraient atteindre la voie de fer et occasionner des déraillements, comme cela s'était présenté sur certains chemins où avaient eu lieu de terribles accidents. Ce motif est d'ailleurs donné par le législateur lui-même dans l'exposé des motifs présenté à la Chambre des pairs, le 29 janvier 1844.

97. — Il résulte du mode indiqué par la loi pour fixer la zone frappée par elle, que la prohibition s'étendra d'autant plus que l'inclinaison du talus sera plus grande, et c'était en effet le moyen le plus sûr pour prévenir des éboulements dans les terrains mouvants.

M. Gand[1] pense qu'on ne doit pas s'en tenir au texte de l'article 6 pour déterminer la zone où des excavations sont interdites. Suivant lui, si l'inclinaison du talus a été prolongée au-delà d'un angle de 45 degrés, il aura été établi contrairement aux règles de l'art, et il devra y être ramené fictivement pour établir le calcul de la distance, dès-lors, en pareil cas, l'intervalle devra se compter non à partir du pied du talus, mais bien du pied légal.

Pour soutenir son opinion, cet auteur se fonde sur ce que l'éloignement n'ayant été prescrit que pour écarter de la voie les dangers d'une excavation trop rapprochée, le législateur a dû établir son calcul de probabilité sur un état de choses non arbitraire, mais rationnel et conforme aux prescriptions de la science, et ensuite sur ce qu'il s'agit d'une prescription qui restreint, au préjudice du riverain, la faculté que lui assure le droit commun dans l'article 552 du Code Napoléon, et qui doit par suite recevoir une interprétation étroite dans son application.

[1] *Police et voirie des chemins de fer*, 91 et 92.

Je ne puis me ranger à cet avis ; si une disposition a jamais été claire et précise, c'est celle contenue dans l'article 6 de la loi du 15 juillet 1845. La loi dit que la zone de prohibition s'étendra dans une largeur égale à la hauteur verticale du remblai, mesurée à partir du pied du talus. Il faudra donc, pour fixer cette zone, prendre la hauteur verticale réelle et non fictive. Les remblais coûtent assez pour qu'on soit assuré que, dans le seul but de mettre les riverains sous la défense de pratiquer des excavations, on ne les étendra pas au-delà des limites nécessaires pour assurer leur solidité, et on n'augmentera pas les frais d'acquisition de terrains pour étendre les talus en dehors des règles de l'art, en développant trop leur inclinaison. D'ailleurs, la force de pression des déblais agissant suivant cette inclinaison, il faut avec la loi et la raison, quand on voudra déterminer la zone atteinte par la prohibition de creuser, prendre pour base la hauteur verticale réelle du remblai, et non ce que M. Gand appelle le pied légal du remblai. La loi est formelle, son sens, en l'état de son texte et des explications données dans les Chambres, est aussi clair que possible, il n'y a qu'à s'y conformer rigoureusement.

98 — La disposition de l'article 6 n'abroge point les autres règlements de voirie relatifs aux excavations près des routes,[1] et à l'exploitation des mines, minières,

---

[1] MM. Rebel et Juge, n° 575 ; — Duvergier, *Coll. des lois* (an. 1845), pag. 289, note 1.

tourbières et carrières, ces règlements sont appliqués aux chemins de fer par l'article 3, § 5 de la loi du 15 juillet 1845. La discussion qui eut lieu aux Chambres le prouverait suffisamment, s'il restait quelques doutes, malgré le texte formel de la loi. Dans une des rédactions proposées, cette observation se trouvait même consignée comme disposition légale, et on ne l'a retranchée sur les observations du ministre des travaux publics, que parce qu'on l'a considérée comme inutile, en l'état des dispositions formelles contenues dans les articles 2 et 3 de notre loi. Les règlements généraux, en matière de voirie, concernant les excavations près des routes, doivent donc être appliqués aux riverains des chemins de fer, sauf les modifications apportées par notre article.

99. — Lorsque les chemins de fer ne sont point établis en remblai, on doit s'en référer complètement aux règles posées par les règlements de voirie, relativement aux excavations près des routes.[1]

100. — Si des excavations, établies en se conformant à ces diverses règles, pouvaient cependant nuire à la sûreté du chemin de fer, l'administration, en vertu de l'article 9 que nous aurons à examiner plus tard, pourrait toujours les supprimer, à charge d'une juste indemnité.

---

[1] M. Gand, 95 ; — Devill., *Lois annotées*, 15 juillet 1845, art. 6, note 15.

101. — C'est encore moyennant une indemnité que l'administration pourrait faire supprimer des excavations antérieures à l'établissement du chemin de fer qui se trouveraient, après son exécution, dans la zone prohibée. Si l'administration ne croyait pas utile de combler ces excavations, le propriétaire devrait, sans droit à l'indemnité, se soumettre à la servitude, c'est-à-dire les laisser dans l'état où elles se trouveraient au moment de l'établissement de la voie de fer, sans pouvoir les augmenter, ni en établir d'autres.

102. — La prohibition établie par l'article 6 peut être levée par l'administration, lorsqu'elle pourra le faire sans nuire à la sûreté de la voie de fer.

103. — L'article 6, en indiquant que la prohibition qu'il édicte peut être levée par une autorisation préalable, ne désigne point l'autorité chargée de délivrer cette autorisation. Il résulte des règles générales sur notre organisation administrative, que c'est au préfet que l'on devra s'adresser. J'ajoute que, conformément à l'article 71 de l'ordonnance du 15 novembre 1846, portant règlement général d'administration publique sur la police des chemins de fer, lorsqu'un chemin de fer traverse plusieurs départements, les attributions conférées aux préfets, relativement à la police, à la surveillance et à la sûreté des chemins de fer, pouvant être centralisées en tout ou en partie dans les mains de l'un des préfets des départements traversés, lorsque cette mesure aura été prise, le préfet ainsi désigné sera seul

compétent. Le préfet, avant de répondre à la demande
qui lui est faite, consultera sans doute les employés su-
périeurs des ponts-et-chaussées. Un auteur dit qu'il ne
doit statuer qu'après avoir soumis son projet d'arrêté à
l'approbation du ministre des travaux publics ou de la
direction des ponts-et-chaussées. Je n'ai pas à rechercher à quel mode d'instruction le préfet doit se livrer.
Ce qu'il y a de certain, c'est qu'un riverain ne pourra
pas être recherché pour des excavations qu'il aura pra-
tiquées en vertu d'une autorisation du préfet, alors
même qu'elle ne ferait pas mention d'un avis préalable
donné par des ingénieurs, ni d'une approbation de la
part de l'autorité supérieure.

104. — Mais il est une autre formalité que le préfet
ne peut pas dispenser de remplir, et à l'exécution de laquelle l'impétrant doit veiller.

Il faut, avant que l'autorisation soit accordée, que les
concessionnaires ou fermiers de l'exploitation du chemin de fer aient été entendus ou dûment appelés.

Pour assurer l'exécution de cette prescription de la
loi, les auteurs sont d'accord pour obliger le demandeur
à notifier par huissier aux concessionnaires ou fermiers
de l'exploitation du chemin de fer, la demande qu'il
adresse au préfet, avec invitation de fournir leurs observations au sujet de cette demande.[1]

[1] MM. Rebel et Juge, n° 602; — Gand, n° 97.

ARTICLE VII.

Il est défendu d'établir, à une distance de moins de vingt mètres d'un chemin de fer desservi par des machines à feu, des couvertures en chaume, des meules de paille, de foin et aucun autre dépôt de matières inflammables.

Cette prohibition ne s'étend pas aux dépôts de récoltes faits seulement pour le temps de la moisson.

—

SOMMAIRE.

105. — Notre législation, en prohibant le dépôt de matières inflammables près des chemins de fer desservis par des machines à feu, ne fait que se conformer à ce qui est admis par les législations étrangères.

Voici, dans la Prusse, la disposition prise par les ministres de l'intérieur et des finances : [1]

« Ainsi qu'il a été référé à la régence royale, sur le rapport du **27 mars 1842**, l'expérience n'a pas encore fixé la distance à laquelle le feu de charbon sortant du tuyau d'une locomotive peut exercer son effet incendiaire; c'est une raison pour prendre plutôt trop de précautions que trop peu, et pour exiger de la part des compagnies de chemin de fer d'écarter autant qu'il se peut tous les dangers probables ou possibles. En conséquence, la régence royale, agissant en vertu d'une réserve faite par la compagnie du chemin de fer de Berlin à Francfort, aura à tenir la main à ce que tous les toits en chaume qui se trouvent des deux côtés du rail-way, en dedans d'un rayon de 10 verges (de 12 pieds rhénans), soient convertis en toitures à l'abri du feu, aux frais de la compagnie. Il ne sera pas permis aux propriétaires

---

[1] De Reden, pag. 410 de la traduction française de P. Tourneux.

des bâtiments en question de s'entendre avec elle pour en recevoir une indemnité pécuniaire, au lieu d'exécuter l'obligation imposée, puisque, par suite de pareilles transactions, on n'en pourrait pas moins laisser subsister les toitures sujettes à la combustion.

« Berlin, le 16 juin 1842.

« Le Ministre de l'intérieur et de la police,
« DE ROCHOW.

« Le Ministre des finances,
« DE BODELSCHWING. »

L'ordonnance de police d'août 1840, relative au chemin de fer de Brunswik à Harzbourg, défend dans son article 6, § 5, d'amasser sur la route publique ou en pleine campagne, à une distance de 3 verges de la clôture, du chaume, des grains, de la paille, du foin, du lin ou tout autre objet facile à s'enflammer; et l'article 7 édicte contre les contrevenants une amende qui ne peut excéder 10 écus ou un emprisonnement de 15 jours, sans préjudice de l'indemnité qui peut être due lorsqu'un dommage a été causé.[1]

Enfin, d'après l'article 3 de la loi Belge : « Il est défendu d'établir, dans la distance de 20 mètres du franc-bord des chemins de fer, des toitures en chaume ou autre matière combustible, ainsi que des meules de grains ou dépôts de matières combustibles. »

106. — Cette prohibition se retrouve dans nos lois.

[1] De Reden, pag. 107 de la traduction française de P. Tourneux.

Elle fait plus particulièrement l'objet de l'article 7, qui a été adopté tel qu'il avait été rédigé par la commission de la Chambre des députés.

107. — Les dangers d'incendie que présente le parcours des chemins de fer par une locomotive à feu sont de deux sortes : les flammèches qui s'échappent par le tuyau de la cheminée de la locomotive et les morceaux de combustible enflammé qui tombent de la grille sur le sol et qui, à défaut de vent, sont entraînés par le courant d'air que produit le mouvement rapide du convoi lui-même. Il fallait parer à ce double inconvénient qui a causé plusieurs fois des accidents sur divers chemins. La commission nommée par le ministre des travaux publics, pour rechercher les mesures de sûreté applicables aux chemins de fer, faisait remarquer, dans son rapport, que les divers procédés employés pour empêcher les funestes effets produits par les flammèches avaient plus ou moins réussi, mais qu'il n'en était pas de même du procédé employé pour les charbons, car il laissait tomber beaucoup de combustible enflammé sur la voie.[1]

Les législateurs français, comme ceux de tous les pays sillonnés par des chemins de fer, pour prévenir les incendies, ont dû écarter de la voie de fer tout ce qui pourrait servir d'aliment au feu qui s'échappe des

[1] Rapport présenté par la commission instituée par le ministre des travaux publics, sous la présidence de M. Cordier, inspecteur-général des mines, pour rechercher les mesures de sûreté applicables aux chemins de fer, Paris, 1846, Carilian-Gœury et Vor Dalmont, pag. 34.

locomotives. La sollicitude du gouvernement devait être d'autant plus éveillée que les chemins traversent des campagnes où l'on entasse à un moment donné les produits sur un point. Ces campagnes étant souvent isolées et éloignées des centres de population, les secours sont moins nombreux, plus lents et plus difficiles à se procurer, et un incendie pourrait prendre des proportions alarmantes pour tout un territoire, avant que des secours efficaces eussent pu l'étouffer.[1]

108. — Bien que l'article 7 énumère divers objets inflammables dont le dépôt est défendu à une distance de moins de vingt mètres des voies de fer, on ne doit considérer cette indication que comme énonciative et non comme limitative. L'article, après avoir énuméré les couvertures en chaume, meules de paille et de foin, ajoute : et *aucun autre dépôt de matières inflammables.* Ce qui généralise autant que possible la prohibition et l'étend à toutes les matières inflammables.

109. — Si un riverain du chemin de fer prétendait, contrairement à l'administration, que les objets qu'on lui reproche d'avoir déposés ne doivent pas être classés comme matières inflammables, ce serait au tribunal de répression investi de la connaissance de la contravention à vider d'abord cette question et, suivant le résultat de son appréciation sur le premier point, il y aurait lieu ou non à prononcer une condamnation.

[1] Exposé des motifs à la Cham. des pairs, séance du 29 janv. 1844 (*Moniteur* du 2 fév.).

110. — La prohibition est limitée aux chemins de fer desservis par des machines à feu. Les causes qui la motivent expliquent assez cette limitation ; par suite, la prohibition n'est point imposée aux riverains des chemins de fer où les forces motrices sont l'air comprimé, des machines fixes, des chevaux ou tout autre moyen qui ne peut point être classé parmi les machines à feu. L'article 7 est alors inapplicable, et, comme il n'y a plus à prendre que les voies de sûreté nécessaires pour empêcher que la voie de fer ne soit obstruée, on n'a plus qu'à se soumettre aux dispositions de l'article 8, en ce qui concerne les dépôts établis dans le voisinage de la voie de fer.

111. — La zone asservie a une longueur de vingt mètres. Comment doit-on compter les vingt mètres ? Le projet du gouvernement disait vingt mètres de l'arrête extérieure. La commision, dans la rédaction qu'elle avait proposée et que la Chambre des pairs avait adoptée, disait vingt mètres du bord extérieur de la clôture. A la Chambre des députés, on a adopté la rédaction proposée par la commission nommée par cette Chambre, et cette rédaction passée dans la loi porte : à une distance de vingt mètres d'un chemin de fer. La distance doit donc être comptée à partir de la limite extrême qu'atteint le chemin.

112. — Au-delà de ces vingt mètres ou, pour être plus exact encore, à partir du vingtième mètre (la loi défendant de faire des dépôts de matières inflammables à une

distance de moins de vingt mètres), la prohibition cesse
et l'on peut établir librement des amas de matières inflammables et des couvertures en chaume, quelles que
soient leur développement et leur importance.

113. — Dans la zone où existe la prohibition, les
auteurs font remarquer que cette prohibition n'est
applicable que lorsque les matières inflammables dont
on a fait des dépôts sont exposées directement au feu. Si,
au contraire, dans les vingt mètres d'un chemin de fer il
se trouvait des constructions régulièrement établies où
fussent entassées en magasin des meules de paille ou
de foin, de manière à ce que les jets de feu des machines
ne pussent point atteindre ces marchandises, ces dépôts pourraient subsister dans le voisinage de la voie de
fer à moins de vingt mètres.[1] La loi, en effet, désigne
les couvertures en chaume, les meules de paille et de
foin, tous objets qu'elle suppose placés directement et
constamment en communication avec la voie de fer, en
contact immédiat avec les flammes qui peuvent se
détacher de la machine à feu, et elle ne désigne point
des objets emmagasinés, de manière que cette communication directe et constante, que ce contact immédiat,
soit impossible.

114. — L'article 7, en défendant d'établir à proximité des chemins de fer des meules de paille ou de foin

---

[1] Gand, n° 98; — Husson, *Légis. des travaux publics*, 2ᵉ édit.,
pag. 575.

et des couvertures en chaume, a disposé pour l'avenir, et ses prescriptions devront être exécutées par tous les riverains des chemins de fer, lorsqu'au moment de l'établissement de cette voie ils n'auront pas déjà établis de semblables dépôts, mais il peut se faire qu'il existe dans le voisinage d'un chemin de fer nouvellement établi des couvertures en chaume antérieures à sa création?

L'administration ayant toujours le droit, par mesure de police et de sûreté publique, de défendre l'emploi de certains matériaux dans les constructions et notamment celui du chaume dans les couvertures,[1] si les couvertures en chaume ont été établies malgré une pareille prohibition, l'administration devra les faire immédiatement démolir. Si de pareils arrêtés n'existaient pas et qu'on voulût arriver à la démolition immédiate de ces couvertures le long du chemin de fer, il faudrait procéder en vertu de l'article 10 de la loi du 15 juillet 1845, à charge d'une juste indemnité.

115. — La prohibition portée dans notre article pouvait devenir une charge excessivement lourde pour les riverains, si elle allait jusqu'à gêner les travaux de

---

[1] Voy. le rapport de la commission, à la date du 12 juin 1844, dans le *Moniteur* du 25, pag. 1901 ; les *Servitudes de voirie*, nᵒˢ 80 et 355, et les arrêts de la Cour de cassation des 23 avril 1819, 29 décembre 1820, 9 août 1828, 11 mars 1830, 5 septembre 1835 et 11 septembre 1840. Toutefois la Cour de cassation, chambre crim., a jugé, par arrêt de rejet du 3 décembre 1840, que le droit des maires ne s'étendait que sur les constructions à faire, et qu'il n'allait pas jusqu'à faire démolir celles déjà existantes.

la récolte sur leurs fonds. Dans l'intérêt de l'agriculture, le législateur a apporté une exception aux défenses qu'il formulait. La prohibition de faire des dépôts de matières inflammables à une distance de moins de vingt mètres d'un chemin de fer ne s'étend pas aux dépôts de récoltes faits seulement pour le temps de la moisson. [1]

116. — Il résulte des termes dans lesquels est conçue cette exception, qu'elle n'est applicable qu'aux dépôts faits à l'occasion de la récolte des céréales, des produits que l'on récolte au moyen de la moisson, tels que gerbes, foin, pailles et autres récoltes de même nature.

Il faut de plus que ces objets, pour pouvoir être déposés dans la zone prohibée, soient récoltés dans le voisinage du chemin de fer; c'est seulement pour faciliter la récolte dans ces lieux que les dépôts sont exceptionnellement autorisés.

La rédaction de l'article et les motifs qui ont fait admettre l'exception indiquent suffisamment que ces dépôts ne peuvent être que momentanés. S'il pouvait y avoir des doutes à ce sujet, ils seraient levés par les explications qui furent données par le rapporteur à la Chambre des députés. Il disait, dans la séance du 1er fé-

---

[1] Cette exception n'a été adoptée que malgré une certaine opposition à la Chambre des députés. M. Talabot prétendait que l'exception, en reconnaissant la nécessité du principe posé par le gouvernement, le renversait complètement. M. Lanyer voulait réserver à l'administration le soin de délivrer des autorisations spéciales pour dépôt de récoltes pendant la moisson. M. Ayliés aurait voulu que l'on dît : pour le temps *nécessaire* à la moisson.

vrier 1845 : « Cela signifie que les dépôts de récoltes peuvent être faits à moins de vingt mètres pendant le temps et pour le temps seulement de la moisson ; maintenant qu'on ajoute, si l'on veut, les mots : pour le temps nécessaire à la moisson, nous n'y mettons aucun obstacle. Je ne sais si cette expression rendra notre pensée plus claire ; ce qu'il y a de certain, c'est qu'elle n'y ajoutera rien. » C'est après ces explications que, personne ne s'opposant à l'adoption de la rédaction proposée par la commission, cette rédaction fut adoptée.

117. — On serait mal fondé à soutenir que l'on peut faire, même dans l'intérêt de l'agriculture et pour effectuer des récoltes, autre chose qu'un dépôt. Ainsi, dans une partie de la France, on foule les grains sur des aires ou sur un terrain temporairement disposé dans ce but. Cette opération ne saurait avoir lieu dans la zone prohibée. Ce serait violer doublement la loi en se livrant à des actes qu'elle n'autorise pas et qui, de plus, obligeraient à conserver beaucoup trop longtemps dans la zone prohibée des dépôts qui ne doivent y être faits que d'une manière très passagère.

118. — A plus forte raison ne pourrait-on pas se prévaloir de cette exception pour établir des couvertures en chaume dans la zone prohibée. Ce ne sont point là des dépôts nécessités par le besoin de la récolte. Les couvertures en chaume sont formellement prohibées, la loi les défend, l'administration ne doit les tolérer sous aucun prétexte.

ARTICLE VIII.

Dans une distance de moins de cinq mètres d'un chemin de fer, aucun dépôt de pierres ou objets non inflammables ne peut être établi sans autorisation préalable du préfet.

Cette autorisation sera toujours révocable.

L'autorisation n'est pas nécessaire :

1º Pour former, dans les localités où le chemin de fer est en remblai, des dépôts de matières non inflammables, dont la hauteur n'excède pas celle du remblai du chemin ;

2º Pour former des dépôts temporaires d'engrais et autres objets nécessaires à la culture des terres.

—

SOMMAIRE.

119. — D'après l'article 1ᵉʳ de la loi belge, relative à la police des chemins de fer, il est défendu de faire des dépôts de pierres dans une distance de huit mètres du franc-bord des chemins de fer, sans en avoir obtenu préalablement l'autorisation du gouvernement.

120. — Notre loi a défendu également de faire à une certaine distance aucun dépôt de pierres ou objets non inflammables, sans autorisation préalable.

121. — Il est facile de se rendre compte des motifs qui ont dicté cet article. Comme on le dit dans l'exposé fait à la Chambre des pairs,[1] on a voulu éviter des éboulements qui encombreraient la voie de fer et occasionneraient des accidents fâcheux.

122. — Le législateur français a restreint cette servitude à la distance de cinq mètres du chemin de fer. Nous avons déjà vu comment doit se compter cette distance, et nous nous bornons à renvoyer à ce que nous

[1] Séance de la Chambre des pairs du 29 janvier 1844.

avons dit à ce sujet, en commentant les précédents articles.

123. — Il faut pour que la distance de cinq mètres seulement soit applicable, qu'il s'agisse de matières non inflammables, sinon la distance de vingt mètres portée en l'article 7 devrait être observée. En cas de difficulté sur l'appréciation de la nature des matières, c'est, comme nous le disions tantôt,[1] au tribunal de répression investi de la connaissance du fait à apprécier. Du moment où il ne s'agit pas de matières inflammables, notre article s'applique à tous les dépôts qui peuvent être effectués. La loi dit de pierres *ou objets non inflammables*. Il faut donc comprendre *tous* les objets non inflammables.

Mais il faut qu'il s'agisse de dépôts, et la règle n'est plus applicable s'il est question de constructions, par exemple ; il faut alors s'en référer aux dispositions spéciales qui régissent ces cas spéciaux.

124. — Il y a une différence frappante entre la prohibition édictée par l'article 7, relative au dépôt de matières inflammables, et la prohibition résultant de l'article **8**, concernant les matières non inflammables. La première, qui frappe une zone de vingt mètres, est absolue ; la seconde, qui n'atteint qu'une zone de 5 mètres, peut être levée par une autorisation.

---

[1] Com. à l'article précédent, n° 109.

125. — Cette autorisation doit être préalable. Elle serait dès-lors insuffisante si elle n'intervenait qu'après le dépôt, et, dans ce dernier cas, si elle autorisait le conseil de préfecture investi de la connaissance de la contravention à ne pas ordonner l'enlèvement des ob- jets déposés avant l'autorisation, [1] elle ne pourrait lui permettre d'absoudre complètement le délinquant, qui resterait passible de l'amende. [2] L'autorisation fixe sa durée, son étendue et les conditions auxquelles elle est donnée. Le riverain doit s'y conformer complètement; la dépasser, c'est agir sans autorisation.

126. — Cette autorisation est essentiellement révo- ble. La révocation comme le refus, constituant des actes d'administration pure faits sous la seule responsabilité des administrateurs, ne peuvent donner lieu à un re- cours utile par la voie contentieuse.

127. — C'est au préfet à délivrer ces autorisations. Lors de la discussion du projet à la Chambre des dépu- tés, M. Taillandier fit observer que, pour éviter des dé- placements, il vaudrait mieux qu'on chargeât le sous- préfet de ce soin. M. Vivien lui répondit : « Nous avons compris que le sous-préfet serait désigné par le préfet pour ces opérations, et il nous a paru qu'il y aurait

---

[1] Voy. analog. *Servitudes de voirie,* n° 107.

[2] Les règles que j'indique reposent sur les principes que j'ai ex- posés à l'occasion des servitudes qui pèsent sur les riverains des voies de terre. *Servitudes de voirie,* n°s 106 et 107.

quelques inconvénients à créer dans la loi des pouvoirs propres aux sous-préfets, pouvoirs qu'ils exerceraient en quelque sorte indépendamment des préfets. » Sur cette observation, M. Taillandier retira son observation.[1] Il résulte de cette discussion que le préfet pourra déléguer au sous-préfet, lorsqu'il le jugera convenable, l'exercice du droit que lui confère l'article 8.

128. — Non-seulement il est permis au riverain d'échapper à la prohibition contenue en l'article 8, en rapportant préalablement une autorisation préfectorale, mais encore la loi le décharge directement, dans certains cas, de cette servitude.

129. — Cette servitude, comme nous l'avons dit en rappelant l'exposé des motifs, a été établie pour éviter que les dépôts établis dans le voisinage des chemins de fer ne vinssent à encombrer la voie de fer, soit par un éboulement, soit par la chute de l'un ou plusieurs des objets superposés qui les constituent. Dans le cas où le chemin est en remblai et où les dépôts faits près de ce chemin n'atteindraient pas la hauteur de ces remblais, leur chute ne pourrait jamais s'effectuer sur la voie de fer et devenir la cause d'accidents graves. Il n'y avait dès-lors aucune nécessité à maintenir la prohibition dans ce cas, et, dans ce cas aussi, le législateur en a directement déchargé le riverain.

[1] Séance de la Chambre des députés du 1er février 1845.

130. — La commission, dans son projet, ne proposait d'abord pas d'autre exception, mais, au moment de la discussion de la loi à la Chambre des députés, elle en proposa une seconde, semblable à celle qui figurait dans l'article 7. [1] Cette seconde exception prend sa source dans l'intérêt de l'agriculture. On a permis au riverain d'établir dans le voisinage du chemin de fer, sans égard à la distance et sans permission préalable, des dépôts temporaires d'engrais et autres objets nécessaires à la culture des terres.

131. — Ces dépôts ne peuvent être que temporaires, et, par suite, le riverain ne pourrait établir, en vertu de cette exception, un cloaque, ou tout autre dépôt permanent. Dans le cas où un dépôt existant depuis longtemps, le propriétaire serait cité comme ayant contrevenu à la loi, ce serait au conseil de préfecture à apprécier quel était la nature du dépôt, et, en cas de difficulté, à décider s'il était permanent ou seulement temporaire.

132. — Lorsque les riverains font de pareils dépôts, ils doivent veiller, dans tous les cas, à ne pas empiéter sur le chemin et à ne pas dégrader les talus, berges et fossés, ce qui les mettrait dans le cas d'encourir une peine. Ils doivent même, dans une juste prévision, les établir le moins près possible de la voie et ne pas

[1] Séance de la Chambre des députés du 1er février 1845. *Moniteur* du 2.

leur donner une trop grande élévation, car si ces dépôts venaient par leur chute à causer un dommage, ils en seraient civilement responsables, sans préjudice des peines dont ce fait pourrait les rendre passibles.

133. — Ajoutons que l'autorisation donnée par l'article 8, de faire des dépôts d'engrais et autres objets nécessaires à la culture des terres, ne s'applique qu'à des objets non inflammables. L'article 8, en effet, n'a été fait que pour des dépôts d'objets non inflammables, il prohibe de les faire à moins de cinq mètres des chemins de fer, et lorsqu'il ajoute des exceptions, quant à la distance, pour certains des objets dont le dépôt est prohibé par la règle, ces exceptions ne peuvent être étendues qu'à ceux des objets qui sont régis par l'article 8, et nullement aux matières inflammables, dont les dépôts sont régis par les dispositions de l'article 7.

ARTICLE IX.

Lorsque la sûreté publique, la conservation du chemin et la disposition des lieux le permettront, les
distances déterminées par les articles précédents
pourront être diminuées en vertu d'ordonnances
royales rendues après enquêtes.

—

SOMMAIRE.

134. — L'article de la loi belge, après avoir fixé à
quelle distance d'un chemin de fer il est défendu de
planter, de construire et de faire des dépôts de pierres

et matériaux, ajoute que lorsque la localité le permettra
le gouvernement pourra, par arrêté royal, reduire ces
distances. Cette disposition est plus restrictive que la
disposition identique qui se trouve dans notre loi. Dans
la loi belge, elle n'est applicable qu'aux charges énu-
mérées dans l'article 1ᵉʳ, tandis que dans la loi française
elle est applicable à un bien plus grand nombre de cas.

135. — On a dû veiller à ce que les servitudes établies dans un intérêt public ne fussent maintenues que
dans les cas où cet intérêt l'exigeait. Dans tous les autres cas, on devait permettre au gouvernement de restreindre ces charges, et même de les faire complètement disparaître, pour ne pas laisser subsister sur la
propriété privée une gêne inutile. C'est ce motif qui a
fait édicter la disposition de la loi belge que nous venons de rappeler, et qui a fait adopter en France l'article 9 de la loi du 15 juillet 1845 que nous venons de
rapporter. D'après la rédaction adoptée par la Chambre
des pairs, le gouvernement avait le droit d'étendre et
de restreindre les servitudes établies par la loi de 1845,
en rendant des ordonnances en la forme de règlement
d'administration publique et après avoir appelé les parties intéressées à fournir leurs observations. La Chambre
des députés a restreint les droits que l'on attribuait ainsi
au gouvernement, en supprimant la faculté qui lui était
donnée d'étendre les zones asservies.

136. — Les distances qui peuvent être diminuées
par suite de cette disposition sont celles indiquées dans

les articles 5, 6, 7 et 8.[1] Cela résulte des explications
données par le ministre des travaux publics à la Chambre des pairs, le 16 avril 1845. Ce sont celles qui, à
cause de la nature exceptionnelle de ces voies de communication, ont été exceptionnellement déterminées au
détriment des riverains. Quant aux servitudes résultant
des articles 1, 2, 3 et 4, elles sont la conséquence de
la disposition légale qui a fait placer les chemins de fer
dans la grande voirie ; elles ne sont autres que les servitudes générales imposées par les lois sur la grande
voirie, et comme ces lois ne donnent pas à l'administration le droit de restreindre partiellement l'application
de ces servitudes, elles subsistent dans toute leur
étendue.

137. — Les servitudes sont de droit étroit, elles ne
peuvent pas être imposées d'une manière plus étendue
que la loi ne l'a fait, et lorsque notre article a permis
seulement au gouvernement de diminuer les distances
auxquelles elles s'étendent, il faudra bien tenir pour
certain que le gouvernement ne pourra pas, de sa seule
autorité, augmenter ces distances. La discussion qui a
eu lieu aux Chambres ne pourrait laisser des doutes, si
le texte ne les faisait pas tous disparaître. Le rapporteur
de la commission disait dans la séance de la Chambre
des députés, du 1er février 1845 : « Dans le projet adopté
par la Chambre des pairs, on donnait au gouvernement
le pouvoir d'*étendre* ou de *restreindre*, par ordonnances

[1] Gand, n° 106.

royales rendues dans la forme des règlements d'administration publique, les zones des servitudes établies
par les articles que vous avez déjà votés. Votre commission a délibéré de nouveau sur cette faculté que le
projet de loi proposait de conférer au gouvernement,
et, après un sérieux examen, elle a pensé qu'il y avait
peut-être quelque danger à déléguer ainsi à l'administration un pouvoir dont l'exercice pourrait donner
naissance à de nombreuses réclamations; elle m'a, en
conséquence, chargé de vous déclarer que, dans son
opinion, il fallait seulement accorder au gouvernement
le pouvoir de *restreindre*, lorsque les circonstances le
permettraient, l'étendue des différentes zones de servitudes.

A la suite de cet exposé, le rapporteur soummettait
à la Chambre un projet de rédaction qui a été littéralement inséré dans la loi. [1]

138. — Nous avons vu plus haut ce qu'on entend
par réglement d'administration publique. [2] L'acte par
lequel le gouvernement peut restreindre la zone frappée
de servitude n'a pas besoin d'être entouré de formalités
aussi solennelles. « Le réglement d'administration publique était nécessaire lorsqu'il s'agissait d'étendre la
zone des servitudes, d'aggraver dès-lors la position des
propriétaires. Il fallait une désignation expresse de la
loi pour que l'administration eût un pareil pouvoir;

[1] *Sic*, n° 135.
[2] *Supra*, n° 92.

l'exercice de ce pouvoir ne pouvait donc être entouré de trop de formes solennelles et protectrices de tous les intérêts. Au contraire, lorsqu'il ne s'agit plus que de restreindre l'étendue des servitudes, d'améliorer ainsi la condition de la propriété, une simple ordonnance suffit, selon nous.[1] » Par suite, l'acte du pouvoir exécutif qui intervient dans ces circonstances est rendu sous le rapport du ministre, sans qu'il soit nécessaire que le conseil d'État ait été entendu. [2]

139. — Toutefois, comme il s'agissait de statuer sur diverses mesures qui pouvaient toucher à bien des intérêts, il était juste et sage de mettre les intéressés à même de présenter leurs observations, et c'est pour cela qu'on a exigé que l'arrêté du pouvoir exécutif ne fût rendu qu'après enquête. Il fallait que tous les intéressés, et les compagnies surtout, pussent présenter leurs observations, car pour les compagnies, disait le rapporteur de la Chambre des députés, à la séance du 31 janvier 1845, il était fort important qu'on ne compromît pas leur exploitation en restreignant trop les servitudes que la loi établit en faveur des chemins de fer.

140. — L'enquête dont il s'agit est une enquête administrative.

M. Laplagne Barris voulait qu'on le dit, et voici la

---

[1] Explications du rapporteur de la commission à la Chambre des députés, séance du 1er février 1845.
[2] *Idem.*

courte discussion à laquelle cette observation donna
lieu.

M. le baron Feutrier : « Il est évident que c'est d'une
enquête administrative qu'il s'agit. »

M. le commissaire du Roi : « Il faut mettre le mot. »

M. le baron Feutrier : « Le mot enquête, à l'endroit
où il est placé, indique suffisamment, à mon sens, une
enquête administrative.[1] »

Dès-lors si le mot ne se trouve pas dans la loi, c'est
qu'on a cru inutile de le mettre, mais il ne peut pas y
avoir d'hésitation sur la nature de l'enquête qui doit
précéder l'acte du pouvoir exécutif. C'est, répétons-le,
une enquête administrative [2] ce qu'on est dans l'habitude d'appeler une enquête *de commodo* et *incommodo*.

Voici d'après la circulaire du ministre de l'intérieur,
du 20 aout 1825, les règles à suivre dans les enquêtes.

Cette circulaire, il est vrai, a plus spécialement en
vue les actes d'acquisition et d'aliénation des communes, mais les règles qu'elle trace doivent recevoir
une application générale :

« L'enquête doit être annoncée huit jours à l'avance,
à son de trompe ou de tambour, et par voie d'affiches
placardées au lieu principal de réunion publique, afin
que les intéressés ne puissent en ignorer, et parce que
cette publicité autorise à compter le silence des absents

---

[1] *Moniteur* du 4 avril 1844.
[2] M. N. Bacqua, *Code annoté de la légis. applicable aux chemins de fer*, pag., 46, note a.

comme un vote affirmatif.[1] J'ajouterai que l'annonce doit toujours être faite le dimanche, qui est le jour où les intéressés se trouvent habituellement réunis, et que, à l'égard de l'exécution, le moment préférable est celui où la suspension du travail laisse plus de liberté à ceux qui doivent y prendre part. Il est essentiel que le préambule du procès-verbal, dont il est donné communication aux déclarants, contienne un exposé exact de la nature des motifs et des fins du projet annoncé. Tous les habitants, appelés et admis sans distinction à émettre leur vœu sur l'objet de l'enquête, doivent expliquer librement ce qu'ils en pensent et déduire les motifs de leur opinion, principalement lorsqu'elle est opposée aux vues de l'administration qui les consulte. Les déclarations sont individuelles et se font successivement; elles sont signées des déclarants, ou certifiées conforme à la déposition orale, pour ceux qui ne savent point écrire, par la signature du commissaire-enquêteur, qui les reçoit et en dresse immédiatement procès-verbal. Lors même que les déclarations sont identiques, elles doivent être consignées distributivement dans le procès-verbal, indépendamment les unes des autres, avec leurs raisons respectives, et, autant qu'il est possible, dans les termes propres aux déclarants. »

141. — Pour qu'à la suite de l'enquête, l'autorisa-

[1] En rapprochant ces instructions des prescriptions contenues dans les lois qui ordonnent des enquêtes en matière de travaux publics, il faut ajouter à ces modes de publicité : l'insertion dans le journal de l'arrondissement, désigné par le préfet.

tion sollicitée soit accordée, c'est-à-dire que la zone asservie soit diminuée, il faut qu'il résulte de cette enquête que la sûreté publique, la conservation du chemin et la disposition des lieux permettent de prendre cette mesure. L'article 9 prescrit l'existence simultanée de ces trois conditions.

142. — Ajoutons que le décret qui prononce cette restriction peut être retiré, si les motifs qui l'ont fait rendre viennent à cesser, si son exécution peut nuire soit à la sûreté publique, soit à la conservation du chemin, ou si la disposition des lieux ne permet pas de le maintenir.[1] L'article 9 ne fait pas mention formelle de ce droit de révocation ; mais il est dans la nature des choses et de l'essence de l'acte auquel il s'applique. Il s'agit d'une mesure de police qui peut changer, suivant que les circonstances l'exigent.

143. — MM. de Villeneuve et Carette, dans leur recueil des lois et arrêts,[2] se demandent, dans le cas où le décret qui restreint la zone asservie étant revoqué, la règle générale est rétablie, quel sera le sort des constructions qui auront été élevées sous l'empire de ce décret? Devront-elles disparaître immédiatement et sans indemnité? Et ils répondent : « L'affirmative nous paraît indubitable. Les propriétaires de ces construc-

---

[1] MM. Gand, n° 108 ; — Rebel et Juge, n° 608 ; — De Villeneuve et Carette, *Recueil des lois et arrêts*, loi du 15 juil. 1845, art. 9, note 19.
[2] *Loc. cit.* dans la note précédente.

tions auront dû savoir que la faculté qui leur était accordée ne pouvait être que subordonnée aux éventualités de l'avenir, et qu'en conséquence ils ne pouvaient regarder cette faveur comme définitive et constituant pour eux un droit acquis. A cet égard, il en sera comme des tolérances ou permissions de bâtir dans les zones de servitudes des places fortes, tolérances ou permissions qui ne sont jamais accordées que sous la condition de démolir à la première requisition.[1] Ajoutons au surplus qu'il est à croire que pour prévenir toute surprise, toute difficulté, les ordonnances royales qui, pour certaines localités, autoriseront à construire dans une distance moindre de deux mètres de la voie de fer, mentionneront les conditions sous lesquelles cette faculté aura été accordée. »

Il est impossible de ne pas se ranger à cette opinion.[2]

[1] De Lalleau, *Traité des servitudes établies pour la défense des places de guerre*, nos 980 et suiv.
[2] Gand, n° 108.

ARTICLE X.

Si hors des cas d'urgence prévus par la loi des 16-24
août 1790, la sûreté publique ou la conservation
du chemin de fer l'exige, l'administration pourra
faire supprimer, moyennant une juste indemnité,
les constructions, plantations, excavations, couvertures en chaume, amas de matériaux combustibles ou autres, existant, dans les zones ci-dessus
spécifiées, au moment de la présente loi, et, pour
l'avenir, lors de l'établissement du chemin de fer.
L'indemnité sera réglée, pour la suppression des
constructions, conformément aux titres IV et suivants de la loi du 3 mai 1841, et, pour tous les
autres cas, conformément à la loi du 16 septembre 1807.

—

SOMMAIRE.

144. — L'idée première de l'article 10 appartient à la commission de la Chambre des pairs, [1] mais la rédaction actuelle, qui a été présentée devant la Chambre des députés diffère beaucoup de la première proposition qui fut faite à la Chambre ; nous nous bornons ici à

---

[1] Séance de la Chambre des pairs du 8 avril 1844.

cette remarque, sauf à revenir, pour chaque question en particulier, sur la discussion qui eut lieu aux chambres.

145. — On trouve dans la loi belge, sous l'article 5, une disposition qui a plusieurs rapports avec notre article. Il y est dit : « Le gouvernement pourra, lorsque la sûreté des convois ou la conservation du chemin de fer lui paraîtra l'exiger, faire supprimer, moyennant indemnité préalable à fixer de gré à gré ou par justice, les plantations, bâtisses, constructions, excavations ou dépôts qui existent actuellement dans les zones déterminées par les articles 1, 2 et 3. » Ces articles sont relatifs aux distances à observer dans les plantations, constructions et dépôts de matières inflammables ou non, et dans l'exploitation des mines, minières ou carrières, ou simples excavations.

146. — Il est facile de se rendre compte de ces dispositions, elles sont le corollaire de celles qui précèdent ; elles étaient reclamées dans l'intérêt de la sûreté publique et de la conservation du chemin de fer, comme l'indique le texte même de l'article.

147. — Nous devrions rechercher les cas auxquels s'applique notre article, avant d'indiquer ceux qui restent en déhors de ses prescriptions. Toutefois, comme le législateur a cru devoir indiquer, au début de la rédaction qu'il a adoptée, que les cas d'urgence prévus par la loi des 16-14 août 1790 restaient en déhors de ses prévisions actuelles, nous nous arrêterons un moment à l'examen de quelques-uns de ces cas d'urgence laissés en dehors de notre article 10.

148. — L'article 3, titre xi de la loi des 16-24 août 1790 porte : « Les objets de police confiés à la vigilance et à l'autorité des corps municipaux sont : tout ce qui intéresse la sûreté, la commodité du passage dans les rues, quais, places et voies publiques; ce qui concerne le nettoiement, l'illumination, l'enlèvement des encombrements, la démolition et la réparation des bâtiments menaçant ruine..... »

C'est surtout cette dernière disposition qui donne une grande portée à la réserve mentionnée en l'article 10. Il en résulte que, à l'égard des édifices menaçant ruine le long et joignant les voies de fer, l'administration reste investie des pouvoirs que lui confère la loi des 16-24 août 1790 et les règles générales en matière de voirie. Cette règle, qui résulte des termes mêmes de notre article, a été proclamée à la Chambre des pairs à l'égard des édifices menaçant ruine. M. le comte d'Argout disait, à l'occasion de l'article 10 : « Les lois de police ou si l'on veut les lois de voirie, peu importe, donnent à l'administration, soit à l'administration municipale, soit à l'administration supérieure, la faculté de faire démolir les bâtiments qui menacent ruine. Cette faculté nous la lui avons conservée implicitement. Si l'on trouve que cela n'est pas clair, nous sommes tout disposés à ajouter à notre rédaction que les droits conférés à l'administration, par l'article 3 de la loi du 24 août 1790, lui sont conservés. Nous avons fait ce raisonnement :

certains chemins de fer peuvent passer à une distance
rapprochée des édifices, des plantations d'arbres à haute
tige ; d'après la loi, il faut que l'administration attende
que les arbres tombent de vétusté, que les maisons menacent ruine imminente pour pouvoir les faire démolir ;
eh bien ! nous avons dit : il faut que le gouvernement
soit armé contre ce cas, et nous lui avons donné la faculté de faire démolir sur-le-champ les bâtiments et d'a-
battre ces arbres qui sont encore dans toute leur force ,
dans ce cas, en accordant une juste et préalable indemnité. » Mais on n'a nullement voulu modifier le pouvoir
de l'administration, lorsque les édifices menacent ruine. [1]

149. — Lorsqu'il s'agit des édifices menaçant ruine,
il faudra dès-lors suivre les règles applicables en matière
de grande voirie; je ne reviendrai pas sur ces règles
longuement développées au chapitre 2 du livre 1er *des
Servitudes de voirie imposées aux riverains des voies de
terre.* Je persiste ici plus particulièrement dans l'opinion que j'y ai longuement défendue, et qui tend à accorder aux préfets , à l'exclusion des maires, le droit
de prescrire la démolition des édifices menaçant ruine,
lorsque les constructions longent les lieux soumis à la
grande voirie. [2]

150. — Les conditions à remplir pour que l'admi-

[1] *Sic*, ministre des travaux publics à la séance de la Chambre des pairs
du 30 mars 1844 ; — M. Gand , n° 110 ; — Rebel et Juge , 613.
[2] Voyez plus particulièrement n° 236.

nistration puisse faire supprimer les constructions, plantations, excavations, couvertures en chaume, amas de matières combustibles ou autres existant près la voie, sont : 1° qu'il ne s'agisse pas d'un cas d'urgence prévu par la loi des 16-24 août 1790; 2° que la sûreté publique ou la conservation du chemin de fer l'exigent; 3° que l'on paie une juste indemnité; 4° que les constructions, plantations et autres objets à supprimer se trouvent dans les distances déterminées par les articles qui précèdent l'article 10. La suppression, dans ces cas, peut être ordonnée, qu'il s'agisse d'entreprises antérieures à la promulgation de la loi de 1845 ou antérieures à l'établissement d'un chemin de fer.

151. — Qui a le droit de prendre la mesure et d'exercer le pouvoir consacré par l'article 10?

Comme il s'agit d'une mesure d'exécution urgente à prendre dans l'intérêt de la sûreté publique et de la conservation du chemin de fer, c'est à l'administration que la loi a laissé le soin de décider quand il y aurait lieu de requérir la démolition des ouvrages énumérés dans notre article.

152. — Mais l'administration seule a ce droit, il n'a point été conféré aux compagnies concessionnaires. Comme le fait observer M. le président Boulet, dans la séance du 10 avril 1844, à la Chambre des pairs, l'administration seule présente des garanties suffisantes pour que, d'un côté, l'intérêt public soit promptement satisfait et n'ait pas à souffrir, et pour que, de l'autre,

des intérêts privés ne soient pas inutilement froissés par des pertes inutiles et des actes vexatoires.

153. — L'administration agit en vertu d'une simple décision, d'un acte de simple volonté, sous sa seule responsabilité et après l'examen qu'elle croit utile de faire, sans être astreinte à l'accomplissement de formalités déterminées d'avance et sans avoir besoin surtout de recourir préalablement aux règles de l'expropriation pour cause d'utilité publique. La déclaration d'utilité publique est déjà intervenue avant l'exécution de la voie de fer. En vertu de cette déclaration, tous les édifices sont menacés, l'administration est armée par la loi qui déclare l'utilité publique, c'est à elle, sous sa responsabilité, à en faire l'usage qu'elle croit nécessaire.

Le système opposé paraît, il est vrai, avoir dominé lors de la discussion de l'article à la Chambre des pairs, en avril 1844. Le 3 avril, M. Teste disait formellement que la suppression des bâtisses ne pourrait avoir lieu qu'en observant les formes de l'expropriation, édictées par la loi du 3 mai 1841. M. Daru répétait la même déclaration dans la même séance, M. Persil la rappelait le 8, et le sous-secrétaire, d'État, M. Legrand, y revenait le 10, un moment avant l'adoption de l'article; mais, à la Chambre des députés, le système contraire prévalut. M. Durand de Romorantin, le 1er février 1845, demandait le renvoi de l'article à la commission pour que l'observation des formalités prescrites par la loi du 3 mai 1841, sauf l'enquête préalable, fût applicable ici, en cas de suppression de constructions. M. Chasseloup-

Laubat, rapporteur, s'opposa à ce renvoi. « Il faut admettre pour certain, disait-il, que l'administration,
quel que soit l'objet dont elle poursuivra l'expropriation
en vertu de l'article 10, ne sera jamais tenue, pour parvenir à cette suppression, d'observer les dispositions
de la loi de 1841; il n'y aura nécessité pour elle de
recourir à cette loi que pour se conformer aux règles
établies sur le mode amiable ou judiciaire de la fixation
des indemnités dues aux propriétaires des constructions
supprimées. La Chambre, appelée à se prononcer sur
l'incident, refusa le renvoi à la commission et adopta
par suite le système défendu par le rapporteur. Et
comme l'article ainsi adopté a été représenté ensuite à
la Chambre des pairs, qui le sanctionna sans observation, et qu'il est formellement attributif d'un droit pour
l'administration directement, on ne saurait gêner, par
des entraves illégales, l'exercice de ce droit. [1]

154. — L'administration pourrait même puiser dans
l'article 10 le droit de faire opérer la démolition de diverses constructions que les tribunaux administratifs
auraient maintenues, alors que le propriétaire de ces
constructions, cité devant les tribunaux pour contravention de grande voirie, aurait été renvoyé des poursuites dirigées contre lui. [2]

155. — Le préfet est le fonctionnaire compétent

[1] Gand, 109; — Rebl et Juge, 612.
[2] Conseil d'État, 16 avril 1851 (Délier).

pour agir au nom de l'administration, puisque les chemins de fer font partie de la grande voirie, et que la police de la grande voirie appartient au préfet. L'arrêté du préfet, provisoirement exécutoire, peut être déféré au ministre.

156. — L'administration appréciant souverainement les nécessités de la sûreté publique ou de la conservation du chemin; alors même que le propriétaire croirait cette appréciation erronée, il ne pourrait se pourvoir par la voie contentieuse contre cet acte d'administration. Il ne pourrait suivre que la voie gracieuse, c'est-à-dire l'appel de l'administrateur qui aurait pris la mesure au même administrateur mieux informé, ou à son supérieur hiérarchique. Si le propriétaire se plaignait, non pas d'une appréciation erronée, mais d'un excès de pouvoir, s'il prétendait, par exemple, que la construction atteinte, se trouvant en dehors des zones asservies, ne pouvait être l'objet de la mesure prise, son recours pour excès de pouvoir pourrait être porté du préfet au ministre, et de ce dernier au conseil d'État. [1]

157. — Celui qui souffre de l'exécution des mesures que peut prendre l'administration, en vertu de l'article 10, perdant un droit acquis, supportant une perte

---

[1] Cela résulte de la discussion qui a eu lieu à la Chambre des pairs dans la séance du 5 avril 1844. Voy. le développement des mêmes principes en matière d'alignement, dans le traité des *Servitudes de voirie*, n° 13.

matérielle, un dommage réel et direct, est en droit de réclamer une indemnité. Ce droit, fondé sur l'équité, est sanctionné par la loi.

158. — L'article 10 n'établit le droit à l'indemnité que lorsque l'administration, dans l'intérêt de la sûreté publique ou de la conservation du chemin de fer, aura cru devoir user des droits et pouvoirs que cet article lui confère. Mais lorsque l'administration fonde son action sur d'autres lois, le droit à l'indemnité ne doit être apprécié qu'en se rapportant à ces diverses lois. Ainsi, dans le cas d'urgence prévu par la loi des 16-24 août 1790, on peut, comme nous l'avons indiqué plus haut, prescrire la démolition des édifices menaçant ruine; sera-t-il dû une indemnité aux propriétaires de ces édifices? M. le ministre disait avec beaucoup de raisons, dans la séance de la Chambre des pairs du 4 août 1844: « Les voies de fer sont des voies publiques, toutes les fois que la sûreté publique pourra être menacée par un obstacle longeant la voie publique, le gouvernement interviendra, et il y a des cas où il interviendra sans indemnité préalable. Ainsi, par exemple, lorsqu'une maison menace ruine, l'administration la fait démolir, et elle n'indemnise pas le propriétaire qui a eu le tort déjà très grand de laisser sa maison dans un tel état de dégradation, c'est à lui à en supporter les conséquences. »

J'ai déjà eu occasion de développer cette même opinion dans le traité *des Servitudes de voirie imposées aux riverains des voies de terre*, n° 245. L'article 50 de la loi du 16 septembre 1807 vient encore à l'appui de cette opinion, il porte : « Lorsqu'un propriétaire fait volontairement démolir sa maison, lorsquil est forcé de la démolir pour cause de vétusté, il n'a droit à indemnité que pour la valeur du terrain délaissé, si l'alignement qui lui est donné par les autorités compétentes le force à reculer sa construction. »

Il n'y a donc pas lieu à indemnité à raison de la démolition ordonnée, mais seulement pour la valeur du terrain incorporé à la voie publique,[1] par suite, lorsqu'il s'agit de démolitions à opérer sur des zones asservies, mais qui ne doivent pas faire partie de la voie publique, il n'y aura lieu à indemnité que dans le cas où la démolition ayant eu lieu d'urgence, il sera reconnu plus tard qu'elle a été indûment ordonnée. [2]

159. — Lorsqu'il y a lieu à indemniser le riverain, cette indemnité doit toujours être une *juste indemnité*; on a conservé le mot juste dans la loi malgré les observations du marquis de Boissy, parce que, comme l'expliquait le baron Feutrier, « juste indemnité veut dire indemnité représentative de la valeur de l'objet sur lequel frappe la suppression. [3] » Et le mot juste rendait

[1] M. Foucart, *Traité du droit Administratif*, t. II, n° 594 ; — ord. du 2 juillet 1820 (Biberon) ; 18 décembre 1846 (Chauvin) ; — arrêt de cass., ch. civ., du 7 juillet 1829 (Villette).

[2] *Servitudes de voirie sur les riverains des voies de terre*, n°s 242 et 245 ; Cotelle, t. III, § 214, n° 14 ; Dufour, n° 2943 ; Serrigny, n° 668 ; — ord. 2 juillet 1820 (Biberon).

[3] Chambre des pairs, 9 avril 1844.

trop bien l'intention des Chambres pour qu'on dût le retrancher.

160. — On n'a pas dû conserver le mot préalable, que quelques membres des Chambres auraient voulu placer dans la loi de 1845, et que l'on trouve dans la loi du 3 mai 1841, sur l'expropriation pour cause d'utilité publique. C'est avec raison; l'article 10 est conçu dans des termes très généraux, il comprend tant les dommages qui doivent être réglés d'après la loi sur l'expropriation, que les dommages qui doivent être réglés conformément à la loi du 16 septembre 1807, et si l'obligation de l'indemnité préalable peut s'appliquer aux premiers, elle ne peut s'étendre aux seconds.

L'examen des questions de compétence, auquel nous allons nous livrer, nous permettra de distinguer les cas où l'indemnité doit être préalable de ceux dans lesquels elle ne doit pas l'être. L'indemnité ne devra être préalable que pour les indemnités qui doivent être réglées par le jury d'expropriation.

161. — Qui doit régler l'indemnité ?

Le projet présenté à la Chambre des pairs portait : « L'indemnité sera réglée : pour la suppression des constructions, des couvertures en chaume, des minières et carrières, conformément au titre IV de la loi du 3 mai 1841, et pour la suppression des plantations et des dépôts de matières combustibles ou non, conformément à la loi du 16 septembre 1807. »

MM. Maillard et Laplagne-Barris, dans la séance du 9

avril 1844, demandèrent si, lorsqu'il s'agirait de forcer
un individu de changer sa couverture en chaume pour
une autre, il n'y aurait pas expropriation complète donnant lieu à appliquer la loi de 1841, et non la loi de
1807. La discussion semblait devoir faire entrer dans le
détail des cas où l'on appliquerait la loi de 1841 ou
celle de 1807, ce qui aurait entraîné des difficultés in-
terminables et une rédaction forcément incomplète.
Dans la séance du 10, on suivit une autre voie et on
adopta la rédaction qui est passée dans la loi. Pour faire
une sage application des règles sur la compétence, il
est bon de se rapporter aux principes que rappelait le
ministre dans la séance du 3 avril, lorsqu'il disait :
« Quand il y a expropriation, c'est-à-dire dépossession
de la propriété, l'indemnité doit être préalable, elle est
reglée par le jury. Y a-t-il dommage, c'est-à-dire modification de la propriété, l'indemnité est postérieure,
les dommages ne sont pas appréciés par le jury, il faut
commencer, et c'est tout simple, par savoir s'il y a dommage avant de savoir quelle en sera la compensation ;
cette compensation, elle n'est pas appréciée par le jury,
et cela par des raisons dans le détail desquelles il est
inutile que j'entre dans ce moment. »

A la suite de ces observations, plaçons notre article :
« L'indemnité sera réglée : pour la *suppression des constructions*, conformément aux titres iv et suivants de la
loi du 3 mai 1841, et *pour tous les autres cas*, conformément à la loi du 16 septembre 1807. »

Concluons que, hors le cas de *suppression des constructions*, la loi du 16 septembre 1807 sera toujours

applicable. C'est qu'en effet, dans ce cas seul, la chose disparaît complètement ; dans tous les autres, la propriété est plus ou moins gênée et modifiée, mais le propriétaire ne cesse pas de la conserver, elle ne passe pas en d'autres mains ; souvent le dommage équivaudra, par son importance, à une expropriation, mais il ne constituera point légalement une expropriation, et la loi de 1841 ne sera pas applicable.

Cette solution est rigoureuse en droit, elle est conforme aux principes généraux de compétence en ces matières, elle est parfaitement fondée sur le texte de l'article 10.

162. — A la charge de qui sera l'indemnité ? L'article proposé par la commission de la Chambre des pairs se terminait ainsi : « Elle (l'indemnité) sera payée par l'État, si l'Etat a exécuté les travaux, et par les compagnies, si les travaux ont été exécutés à leurs frais, moyennant une concession perpétuelle. Si la durée de la concession est limitée, l'Etat acquittera l'indemnité et les compagnies lui tiendront compte des intérêts pendant la durée de leur jouissance. »

Cette disposition fut vivement combattue ; l'ancien vice-président du conseil d'Etat, M. Girod (de l'Ain), disait à la Chambre des pairs : « Ces deux paragraphes me paraissent inutiles, parce que dès l'instant que vous avez réglé la juridiction, vous avez établi d'après quelle loi tel ou tel cas serait apprécié. Eh bien, le juge déterminera à la charge de qui doit être mise l'indemnité. Ces paragraphes sont dangereux, parce qu'ils ne peu-

vent pas comprendre les cas divers d'indemnités réclamées, soit par l'Etat contre les particuliers, soit par
ceux-ci contre l'Etat; il est impossible de pourvoir à
tous les cas; et l'on risquerait, par une énumération
incomplète des cas dans l'article, de gêner l'appréciation juste qu'on pourrait faire des autres cas. Vous avez
déterminé les juridictions, cela seul doit vous rassurer.
Je vote pour la suppression des deux paragraphes. »

M. Teste vint joindre diverses observations à celles
présentées par M. Girod (de l'Ain) pour faire repousser ces paragraphes. M. le sous-secrétaire d'Etat des
travaux publics, Legrand, demanda aussi le rejet de
cette rédaction. Suivant lui, pour les conventions
faites, il fallait s'en rapporter à ce qui avait été stipulé
avec les compagnies, et pour les conventions à faire, il
fallait s'en rapporter à ce qui serait réglé. Les paragraphes furent en effet repoussés, et il n'en reste pas
trace dans la loi.

Les cahiers des charges mettent ordinairement à la
charge des compagnies les indemnités dues pour extractions de matériaux, occupations temporaires, dété-
riorations, chômages, modifications et destructions d'u-
sines.[1] Mais on s'accorde à penser généralement.[2] que,
dans la plupart des cas, ce sera l'Etat qui devra payer
les indemnités réclamées par suite de l'application de
l'article 10. Les suppressions que cet article autorise

[1] Voy., entre autres, le cahier des charges annexé à la loi du 15 juillet–12 août 1840, ch. de fer de Paris à Rouen.
[2] M. Duvergier, *Coll. des lois*, loi du 15 juillet 1845, pag. 303; —
MM. Rebel et Juge, n° 618.

l'administration à prononcer ne sont pas ordonnées dans l'intérêt des compagnies, mais bien dans l'intérêt de la sûreté publique ou du chemin, considéré comme propriété publique, et c'est à l'Etat à payer les indemnités dues pour expropriation, et comme réparation des dommages causés dans un intérêt public et de police.

Pour nous qui ne recherchons pas, en ces matières, quelles sont les conventions qui lient l'administration et les concessionnaires, mais bien quels sont les rapports qui existent entre l'administration et les riverains de la voie publique, nous n'avons à examiner la question que sous ce point de vue, et nous croyons que le propriétaire lésé pourra toujours s'adresser directement au gouvernement qui prescrit les mesures dont souffre le riverain, qui fait exécuter les travaux dont se plaint ce dernier, sauf aux représentants de l'Etat, suivant le traité qui lie la compagnie concessionnaire, à mettre celle-ci en cause pour répondre aux demandes dirigées contre l'Etat et satisfaire aux condamnations qui pourront être prononcées. Toutefois, si les concessionnaires agissaient directement, sans ordre de l'administration, le propriétaire devrait s'adresser directement à eux pour réclamer et obtenir la réparation du dommage qui lui aurait été causé.

163. — Dans les législations étrangères, les compagnies ont ordinairement à supporter toutes les réclamations d'indemnité qui, par suite de l'établissement de la voie[1] et de son exploitation,[2] pourraient être réclamées par des particuliers.

164. — Je termine ces observations par quelques indications sur les questions de garantie qui peuvent naître entre l'Etat et les compagnies concessionnaires.

L'Etat, dans les cas où il doit livrer la voie à un exploitant, est soumis à une garantie. Si dans le délai ordinaire, pendant lequel cette garantie subsiste, il était causé des dommages à la propriété riveraine, à la suite par exemple d'un remblai mal établi, l'Etat serait tenu de garantir la compagnie qui exploiterait contre l'action que le riverain croirait devoir intenter contre elle.

Mais il est de stipulation constante dans les cahiers des charges que cette responsabilité de l'Etat, pour quelque travail que ce soit, ne peut s'étendre au préjudice éprouvé pour la privation de jouissance qu'occasionne à la compagnie la suspension dans l'exploitation.

Si le dommage provenait non d'un vice de construction mais d'un défaut d'entretien, comme l'entretien est à la charge de la compagnie, soit qu'elle ait cons-

---

[1] Ord. de Fréderic Guillaume de Prusse, du 3 nov. 1838, art. 20 ; ord. du 28 sept. 1836, art. 19, pour la Bavière. Il en est de même en Angleterre, voy. W. Hodges, *The law of railway* ; *passim.*

[2] Ord. de Fréderic Guillaume de Prusse, du 3 nov. 1838, art. 20 et 25, et le § 22 du document publié le 18 mai 1840, à Copenhague, par la commission chargée par le roi de Danemarck d'examiner la question de l'établissement d'un chemin de fer entre la mer du Nord et celle de l'Est.

truit le chemin, soit qu'elle ne soit que concessionnaire de l'exploitation, la réparation de ce dommage serait à sa charge.[1]

Les indemnités résultant de l'exécution des travaux à la charge de la compagnie doivent être payées par elle, sans recours contre l'administration.[2]

[1] *Règlement général*, art. 3.
[2] *Sic*, MM. Rebel et Juge, nos 309 et 310 ; ils se fondent sur les stipulations du cahier des charges d'Orléans à Bordeaux, art. 19 ; — loi du 15 juil. 1845, art. 3 ; — loi du 16 sept. 1807, art. 55 et suiv. ; — loi du 21 mai 1836, art. 14.

ARTICLE XI.

Les contraventions aux dispositions du présent titre seront constatées, poursuivies et réprimées comme en matière de grande voirie.

Elles seront punies d'une amende de 16 à 300 francs, sans préjudice, s'il y.a lieu, des peines portées au Code pénal et au titre III de la présente loi. Les contrevenants seront en outre condamnés à supprimer, dans le délai déterminé par l'arrêté du conseil de préfecture, les excavations, couvertures, meules ou dépôts faits contrairement aux dispositions précédentes.

A défaut par eux de satisfaire à cette condamnation dans le délai fixé, la suppression aura lieu d'office, et le montant de la dépense sera recouvré contre eux par voie de contrainte, comme en matière de contributions publiques.

—

SECTION Ire — OBSERVATIONS GÉNÉRALES.

SOMMAIRE.

165 — Les contraventions en ces matières doivent être constatées, poursuivies et réprimées comme en matière de grande voirie.

165. — L'article 11 contient la sanction des dispositions précédentes. Il est destiné à empêcher que les prescriptions édictées par la loi ne restent à l'état de simple commandement et, par suite, de lettre morte. La constatation, la poursuite et la répression des contraventions sur les chemins de fer a lieu comme en matière de grande voirie. Cette règle concordait peu avec le système de la loi, tel qu'il avait été conçu par l'une des Chambres, alors qu'elle voulait soumettre aux règles ordinaires, posées par le Code Napoléon, les servitudes résultant de l'établissement du chemin de fer, considéré comme simple propriété privée; mais elle est la conséquence nécessaire des principes opposés qui ont été sanctionnés par la loi, telle qu'elle a été promulguée. L'article 1er de notre loi porte que les chemins de fer construits ou concédés par l'Etat font partie de la grande voirie. Quoi de plus juste et de plus rationnel que de voir l'article 11 disposer que les contraventions aux dispositions de cette loi, relatives à la conservation des chemins de fer, seront, pour la construction, la poursuite et la répression, considérées comme des contraventions en matière de grande voirie.

166. — Nous aurons donc, après quelques obser-

vations générales sur cet article, à examiner séparé-
ment comment se constatent, se poursuivent et se répri-
ment les contraventions en matière de grande voirie.

167. — La loi belge, d'avril 1843, punit d'une
amende de 16 à 200 fr. toutes les contraventions aux
règles concernant les plantations, dépôts de pierres,
constructions, l'établissement de sablières, carrières
ou minières, les excavations près des routes, l'établissement de toitures en chaume ou dépôt de matières
combustibles dans le voisinage des chemins de fer.

Les contrevenants sont en outre condamnés, sur la
réquisition du ministère public, à supprimer, dans un
délai à déterminer par le jugement, les plantations,
bâtisses ou autres constructions et amas ou dépôts de
pierres, les excavations, toitures ou dépôts illicitement
établis. Passé ce délai, le jugement est exécuté par
l'administration, aux frais du contrevenant. Ce dernier
est contraint au remboursement de la dépense, comme
en matière de contribution publique, sur simple état
dressé par le fonctionnaire qui a pris les mesures d'exécution.

La loi belge ne dit rien de l'autorité compétente pour
assurer la répression de ces contraventions. Il suffit de
rappeler que, en exécution des articles 30 et 94 de la
constitution belge, du 7 février 1831, la juridiction administrative contentieuse ayant été abolie, les dispositions des lois et décrets qui attribuent aux autorités
administratives la connaissance de la répression des

contraventions et de certains délits en matière de voirie n'ont plus de force.[1]

168. — Au point de vue où nous nous sommes placés dans ces études, nous n'avons pas à examiner si l'article 11 est applicable à des contraventions prévues par la loi du 15 juillet 1845 dans les articles postérieurs, concernant l'exploitation des chemins de fer. Il ne peut s'agir, dans les cas prévus par le titre 2, que des contraventions imputables aux agents de l'exploitation et nullement aux riverains. Mais tenons pour certain que l'application des règles que pose cet article 11, aux matières prévues par les articles précédents qui ont formé l'objet de nos études et qui constituent le titre 1er de la loi de 1845, doit être acceptée sans exceptions et dans toute son étendue.

J'ajoute que l'article 11 atteint, non-seulement les contraventions aux prescriptions textuellement et directement formulées dans le titre 1er, mais encore les contraventions aux règlements auxquels renvoient ce titre et notamment les articles 2 et 3. Je trouve l'opinion contraire soutenue par M. Cornudet, dans ses observations présentées comme commissaire du gouvernement devant le conseil d'État, au sujet de l'affaire Ajasson de Gandsagne, jugée le 9 août 1851. J'ai le regret de ne pouvoir me ranger de l'avis de M. Cornudet, mais la distinction qu'il fait ne peut se concilier avec les termes généraux de l'article 11, les lois et règle-

[1] Cour de cass. de Belgique, arrêt du 29 mars 1855.

ments, et je me range à l'opinion contraire soutenue
dans la même affaire par M. le ministre des travaux
publics.[1] C'est contrevenir aux dispositions des articles
2 et 3 de notre loi que de contrevenir aux dispositions
des règlements que cet article rend applicables aux
riverains des chemins de fer.[2] Le simple renvoi, au lieu
d'une reproduction textuelle, produit le même effet juridique. Cette observation est sans portée lorsqu'il ne
s'agit que de régler le mode de constatation et de poursuite des contraventions puisque, d'après la loi de 1845
comme d'après les anciens règlements, on doit suivre
les règles générales établies en matière de grande
voirie. Mais la pénalité est différente, suivant que l'on
se rapporte aux peines qui servent de sanction aux
anciens règlements, au lieu de s'en tenir aux peines
portées par l'article 11.

169. — J'aurai l'occasion d'établir que si les contraventions au titre 1er constituaient en outre un délit
ou un crime prévu par nos lois pénales, l'application de
la peine établie par l'article 11 n'empêcherait pas l'application des autres peines édictées par d'autres lois
pénales. Je dois indiquer les cas les plus fréquents où,

[1] M. Lebon, en rapportant, dans son *Recueil des arrêts du conseil*,
année 1851, pag. 583, la décision du conseil dans cette affaire, croit
devoir également repousser l'opinion de M. le commissaire du gouvernement. La question n'a pas été résolue par le conseil, car il est impossible de savoir si c'est par des motifs de fait ou de droit qu'il a
réduit l'amende.

[2] MM. Rebel et Juge, n° 622; — Gand, n° 118.

en dehors de la contravention, le fait imputé à un riverain peut présenter les caractères d'un délit.

Celui qui par maladresse, imprudence, inattention, négligence ou inobservation des lois ou règlements, aura involontairement causé sur un chemin de fer, ou dans les gares ou stations, un accident qui aura occasionné des blessures, sera puni de huit jours à six mois d'emprisonnement et d'une amende de 50 à 1,000 fr.; si l'accident a occasionné la mort d'une ou plusieurs personnes, l'emprisonnement sera de six mois à cinq ans, et l'amende de 300 à 3,000 fr.[1]

Quiconque aura volontairement détruit ou dérangé la voie de fer, placé sur la voie un objet faisant obstacle à la circulation, ou employé un moyen quelconque pour entraver la marche des convois ou les faire sortir des rails, sera puni de la réclusion. S'il y a eu homicide ou blessures, le coupable sera, dans le premier cas, puni de mort, et, dans le second, de la peine des travaux forcés à temps.[2]

Toute contravention aux ordonnances royales portant règlement d'administration publique sur la police, la sûreté et l'exploitation du chemin de fer et aux arrêtés pris par les préfets, sous l'approbation du ministre

[1] Loi du 15 juillet 1845, art. 19. La loi belge est plus sévère dans la disposition analogue contenue en l'article 7 de la loi du 15 avril 1843. La Cour de Bruxelles a appliqué cet article, par arrêt du 11 mars 1848, au propriétaire d'une vache abandonnée le long d'un chemin de fer de l'Etat, un convoi spécial ayant été obligé de s'arrêter pour ne pas écraser cet animal.

[2] Même loi, art. 16.

des travaux publics, pour l'exécution desdites ordonnances, sera punie d'une amende de 16 à 3,000 fr.
En cas de récidive dans l'année, l'amende sera portée
au double et le tribunal pourra, suivant les circonstances, prononcer en outre un emprisonnement de trois
jours à un mois.[1]

L'article 463 du Code pénal, sur les circonstances
atténuantes, est applicable aux condamnations qui sont
prononcées en exécution de la loi de 1845.[2]

—

SECTION II. — CONSTATATION DES CONTRAVENTIONS.

SOMMAIRE.

[1] Loi du 15 juillet 1845, art. 21.
[2] Même loi, art. 26.

170. — L'article 23 de la loi du 15 juillet 1845 indique quels sont les fonctionnaires et agents plus particulièrement chargés de constater les contraventions, crimes et délits prévus dans les titres 1 et 3 de cette loi.

Ce sont concurremment les officiers de police judiciaire, les ingénieurs des ponts-et-chaussées et des mines, les conducteurs, gardes-mines, agents de surveillance et gardes nommés ou agréés par l'administration et dûment assermentés.

On a conclu [1] de cette disposition que la constatation des faits constituant des contraventions ne peut appartenir qu'aux seuls officiers, fonctionnaires et agents désignés dans l'article 23 de la loi, puisque cet article contient une règle générale à cet égard, et qu'il n'indique pas les autres fonctionnaires qui ont le droit de verbaliser en matière ordinaire de grande voirie.

Cette opinion ne peut être acceptée complètement. Il nous paraît incontestable que les agents de services spéciaux, non désignés par la loi de 1845, n'auront aucune qualité publique pour constater les contraventions et délits commis sur les chemins de fer ; ainsi : pour les préposés des droits réunis, appelés par le décret du 18 août 1810 à constater des contraventions de grande voirie, en ce qui concerne plus particulièrement la police du roulage ; pour les agents de la navigation, que l'article 2 de la loi du 27 floréal an x

---

[1] Gand, n° 118 ; — Rebel et Juge, n° 620.

appelle à constater les contraventions de grande voirie
sur les fleuves, canaux, quais et rivières navigables ; les
cantonniers, appelés par les articles 112 du décret du
16 décembre 1811 et 2 de la loi du 23 mars 1842 à
constater les contraventions commises sur les routes où
ils sont placés ; mais on ne saurait exclure les fonctionnaires et agents dont la mission est de rechercher et
de constater les contraventions et les crimes partout
où ils se commettent. Il faut, en effet, remarquer que
l'article 23 de notre loi ne désigne pas seulement les
agents ayant pouvoir de constater les contraventions
prévues par le titre 1er, qui ne sont, en effet, que des
contraventions de voirie dont la constatation peut être
réservée à certains agents, mais bien les agents qui
doivent constater les contraventions ou délits prévus à
la fois par le titre 1er et par le titre 3. Or, dans ce dernier titre, il est question de crimes pouvant entraîner
l'application de la peine de mort, et on ne saurait refuser aux agents de la police générale le droit de constater de pareils crimes ; ainsi un gendarme, un briga-
dier et un maréchal-des-logis de gendarmerie ne sont
pas des officiers de police judiciaire, d'après notre organisation judiciaire actuelle. Pourra-t-on, parce qu'ils ne
sont pas compris dans le texte de l'article 23, leur enle-
ver le droit de constater des crimes, délits ou contraventions commis sur les chemins de fer ? Les actes qu'ils
dresseront ne seront pas soumis aux règles posées
dans les articles 23 et suivants, et ne jouiront pas des
bienfaits spéciaux accordés par ces articles aux actes des
agents désignés par la loi spéciale ; mais, agissant en

vertu des lois de police générale, leurs actes devront être faits en exécution de ces lois générales et avoir la force que ces mêmes lois leurs attribuent. En résumé, mon opinion est que les fonctionnaires ou agents désignés dans l'article 23 ont le droit de constater les contraventions, délits et crimes prévus par cette loi, en se conformant aux règles de droit édictées par cette loi pour cette constatation, et que les fonctionnaires et agents de la police générale ont ce même droit, en se conformant aux règles générales qui les ont établis. Il n'y a d'exclus que les agents spéciaux à certains services, même, à l'égard de ces derniers, il est inexact de dire qu'ils sont exclus ; appelés à un service particulier, ils sont, par ce seul fait, inaptes à tout autre service que celui auquel ils sont attachés, et ils n'ont en dehors aucun caractère, sans qu'il soit besoin qu'une disposition expresse vienne les exclure. Les agents et fonctionnaires appelés à faire un service général doivent au contraire, pour perdre leurs droits, être formellement et textuellement exclus. J'ai cru très utile d'indiquer en quoi je diffère des auteurs qui m'ont précédé, pour établir qu'on ne pourrait pas repousser de l'enceinte des chemins de fer, lorsqu'ils croiront devoir y pénétrer pour affaires de service, certains agents non désignés dans la loi de 1845. Les agents d'un service spécial de voirie, tels que gardes des ports, les gardes de fleuves, les gardes des ponts, les employés des droits réunis, etc., sont seuls sans qualité. Il faut mettre dans la catégorie des agents spéciaux sans qualité, les commissionnaires du gouvernement attachés à la compagnie concessionaire créés pour des fonctions spéciales, ils n'ont aucun pouvoir en dehors des limites de ces fonctions. [1]

171. — Aux fonctionnaires ou agents énumérés dans l'article 23 de la loi de 1845, l'ordonnance réglementaire du 17 novembre 1846 ajoute les commissaires spéciaux de police et les agents sous leurs ordres. [2] D'après cette ordonnance, les ingénieurs, conducteurs et autres agents du service des ponts-et-chaussées sont spécialement chargés de surveiller l'état de la voie de fer, des terrassements et des ouvrages d'art et des clôtures; [3] les ingénieurs des mines, les gardes-mines et autres agents du service des mines sont spécialement chargés de surveiller l'état des machines et locomotives employées à la traction des convois, et, en général, de tout le matériel roulant servant à l'exploitation, ils peuvent être suppléés par les ingénieurs, conducteurs et autres agents du service des ponts-et-chaussées et réciproquement. [4] Les commissaires spéciaux de police et agents sous leurs ordres sont chargés particulièrement de surveiller la composition, le départ, l'arrivée, la marche et le stationnement des trains, l'entrée, le stationnement et la circulation des voitures dans les

---

[1] Cela a été expliqué pour ces derniers à la séance de la Chambre des députés, du 1er février 1845. M. Muret de Bort avait proposé par amendement de les comprendre dans la catégorie des agents désignés par l'article 23, le ministre des travaux publics avait combattu l'amendement, et la chambre l'avait rejeté.

[2] Ordonnance réglementaire du 15 novembre 1846, article 51.

[3] *Id.*, art. 55.

[4] *Id.*, art. 56.

cours et stations, l'admission du public dans les gares et sur les quais des chemins de fer;[1] les cantonniers, gardes-barrières et autres agents du chemin de fer doivent faire sortir immédiatement toute personne qui se serait introduite dans l'enceinte du chemin ou dans quelque portion que ce soit de ses dépendances, où elle n'aurait pas le droit d'entrer. En cas de résistance de la part des contrevenants, tout employé du chemin de fer peut réquerir l'assistance des agents de l'administration et de la force publique.[2] Les chevaux ou bestiaux abandonnés, qui seront trouvés dans l'enceinte du chemin de fer, doivent être saisis et mis en fourrière.[3]

Sous l'empire de l'ordonnance de 1846, les commissaires royaux, restreints à peu près à la surveillance du mode d'application des tarifs, étaient loin de trouver dans leurs fonctions un emploi suffisant de leur temps, et les commissaires spéciaux de police étaient le plus souvent, pour l'exploitation la plus exacte, une gêne et un embarras sérieux; le zèle et la vigilance ne pouvant pas tenir lieu des lumières spéciales qui leurs manquaient et de l'expérience que le temps n'avait encore

[1] Ordonnance réglementaire du 15 novembre 1846, art. 57.

[2] Aux termes de l'article 25 de la loi de 1845, toute attaque, toute résistance avec violences et voies de fait envers les agents des chemins de fer, dans l'exercice de leurs fonctions, est punie des peines appliquées à la rébellion suivant les distinctions faites par le Code pénal. L'outrage fait par paroles, gestes ou menaces à un agent des chemins de fer doit être considéré comme un outrage à un agent dépositaire de la force publique, et être régi par l'article 224 du Code pénal. Cette règle reconnue pour la Belgique, par l'arrêt du 28 avril 1847, de la Cour d'appel de Gand, nous paraît applicable en France.

[3] Ordonnance réglementaire du 15 novembre 1846, article 63.

donné à personne, les directeurs de chemins de fer furent appelés chaque jour à se défendre en police correctionnelle contre les procès-verbaux des commissaires de police. On voulut alors ôter à cette surveillance ce qu'elle paraissait avoir de trop exigeant et subordonner les agents qui en étaient chargés à une direction plus spéciale, espérant qu'elle serait plus éclairée. De là est venu l'arrêté du 29 juillet 1848, qui supprima les commissaires spéciaux de police et les agents préposés à la surveillance de l'exploitation, et qui leur substitua des commissaires et sous-commissaires spéciaux de surveillance qu'il plaçait sous les ordres des ingénieurs des ponts-et-chaussées. Cet arrêté parut aller trop loin ; au lieu de corriger le service de la police des chemins de fer, il le supprimait, et aux abus de la surveillance succédèrent les inconvénients plus graves du relâchement. Les particuliers qui souffraient d'une application discrétionnaire des tarifs joignirent leurs plaintes à celles du ministère public, que l'insuffisance des moyens ordinaires d'investigation et de constatation laissait dans l'ignorance d'infractions extrêmement préjudiciables aux intérêts de l'Etat et du commerce ; alors fut rendue la loi des 27 novembre, 5 décembre 1849 et 27 février 1850 [1] qui institua des commissaires et sous-commissaires spécialement préposés à la surveillance des chemins de fer, nommés par le

[1] Je ne fais que reproduire, dans cet exposé, une partie du rapport présenté par M. Salmon (de la Meuse), lors de la discussion de la loi du 27 février 1850.

ministre des travaux publics, chargés de constater,
comme officiers de police judiciaire, les crimes, délits
et contraventions commis dans l'enceinte des chemins
de fer, placés sous la surveillance des chefs du parquet
et les ordres des ingénieurs, devant transmettre les
procès-verbaux qu'ils dressaient aux magistrats du parquet, et envoyer aux ingénieurs copie de ces procès-
verbaux lorsqu'ils constataient des contraventions à la
grande voirie. En exécution de cette loi, un décret du
27 mars 1851 institua diverses classes de commissaires, régla leurs traitements, les conditions d'admission,
d'avancement et les cas de révocation. Ce décret fut
abrogé par un décret postérieur du 22 mars 1852,
comme portant des entraves à l'exercice du pouvoir
ministériel. Le 27 mars 1852, un décret disposa que
le personnel actif, alors employé par les diverses compagnies de chemins de fer, et celui qui serait ultérieure-
ment employé par les compagnies qui viendraient à se
former, serait soumis à la surveillance de l'administration publique; que l'administration aurait le droit, les
compagnies entendues, de requérir la révocation d'un
agent de ces compagnies. Un nouveau décret créa, le
26 juillet 1852, des inspecteurs de l'exploitation commerciale des chemins de fer, chargés, sous la direction
des ingénieurs en chef, de la surveillance de l'exploitation commerciale et des opérations financières des compagnies concessionnaires. Des dispositions toutes récentes sont encore venues modifier l'organisation des
agents de surveillance de l'exploitation des chemins
de fer.

La législation, chez nos voisins, a également éprouvé de nombreuses modifications en ces matières. La loi du 31 mai 1858, en Belgique, commença par autoriser le gouvernement à désigner, à l'effet d'exercer la police judiciaire dans toute l'étendue du chemin de fer et de ses dépendances, des agents de l'administration de ce chemin, auxquels il pouvait conférer tout ou partie des attributions suivantes : 1° le droit de constater par procès-verbaux toutes les contraventions en matière de voirie, ainsi que toutes les contraventions aux lois et règlements sur l'exploitation et la police du chemin de fer; 2° les fonctions des officiers de police, auxiliaires du procureur du roi.

L'effet de cette loi, qui ne devait être exécutée que jusqu'au 1er juillet 1859, fut successivement prorogé au 1er juillet 1840, au 1er juillet 1841, au 1er juillet 1842, au 1er juillet 1845, enfin la loi du 15 avril 1843 donna au gouvernement le droit de conférer à certains agents de l'administration du chemin de fer les fonctions soit de gardes-voyers, soit d'inspecteurs de police , soit d'inspecteurs en chef de police. Les arrêtés de délégation doivent fixer le lieu de la résidence des agents et désigner les gardes-voyers et les inspecteurs de police ordinaires qui seront subordonnés à chaque inspecteur en chef. Les gardes, inspecteurs et inspecteurs en chef recherchent et constatent, dans toute l'étendue des chemins de fer et dans les zones qui les bordent, les contraventions en matière de voirie et les contraventions aux lois et règlements sur l'exploitation et la police des chemins de fer. Les inspecteurs sont officiers de police judiciaire, ils ont, pour la recherche des crimes et délits commis dans toute l'étendue du chemin de fer, des stations et de leurs dépendances, concurrence et même prévention à l'égard de tous autres officiers de police judiciaire, à l'exception du procureur du roi et du juge d'instruction.

Les gardes-voyers, d'après un arrêt de la Cour de Gand, du 28 avril 1847, doivent être rangés parmi les agents dépositaires de la force publique.

En Allemagne, l'exploitation des chemins de fer a toujours lieu sous la surveillance des commissaires royaux. En 1840, les abus auxquels la libre concurrence donnait lieu en Angleterre firent jeter les hauts cris, et on institua une Chambre dite *board of trade*, dans le but sinon de diriger l'exploitation du chemin, au moins de protéger la sûreté publique.

172. — Les agents de surveillance de l'administration et des concessionnaires ou fermiers des chemins de fer, au moyen du serment prêté devant le tribunal de première instance de leur domicile, peuvent verbaliser sur toute la ligne du chemin de fer auquel ils sont attachés.[1] C'est là une nouvelle exception à la règle d'après laquelle un fonctionnaire ne peut exercer que dans le ressort de la juridiction qui a reçu son serment. Cette exception était nécessitée par les besoins du service, qui exigent souvent inopinément le déplace-

---

[1] Loi du 15 juillet 1845, art. 23, § 5. Ce principe avait été admis dans la législation belge ; voyez les lois des 31 mai 1838 , art. 2 et suiv., 15 avril 1843, art. 8 et suiv.

ment des agents. Cette exception, faite exclusivement
pour les agents attachés à l'exploitation du chemin de
fer, ne saurait être étendue aux officiers de police judiciaire. Ces derniers ne sont point spécialement attachés
au chemin de fer et restent sous l'empire du droit
commun.

Les employés des ponts-et-chaussées et des mines
désignés, dans la première partie de l'article, comme
ayant droit de constater des contraventions, bien que
non compris dans la dernière partie de cet article qui
donne aux simples agents de surveillance le droit de
verbaliser sur tout le chemin auquel ils sont attachés,
tiennent ce droit de leur nomination elle-même, lorsqu'elle les attache au chemin. Les ingénieurs d'arrondissement, attachés plus particulièrement à une cir-
conscription territoriale, n'ont pouvoir pour constater
les contraventions, comme fonctionnaires publics, que
dans la partie de la voie qui se trouve dans cette cir-
conscription.

173. — Les procès-verbaux constatant des délits et
contraventions dressés par les officiers de police judiciaire, les ingénieurs des ponts-et-chaussées et des mines, les conducteurs, gardes-mines, agents de surveillance et gardes nommés ou agréés par l'administration
et dûment assermentés, font foi jusqu'à preuve contraire.[1]

---

[1] Loi du 15 juillet 1845, art. 23, § 2. En Belgique, les procès-verbaux des agents désignés par le gouvernement font également foi
jusqu'à preuve contraire, lorsqu'il s'agit de la constatation d'une contravention ou d'un délit, loi du 15 avril 1843, art. 10.

Lorsqu'il s'agit d'un crime, les actes de ces agents ne forment plus qu'un simple acte d'instruction, suivant les règles générales de procédure criminelle.

Les procès-verbaux des fonctionnaires et agents de la police générale, non compris dans la nomenclature qui précède, constatant des délits et contraventions, auront la force que leur attribue les lois d'organisation des administrations ou corps auxquels appartiennent ces agents, ou les lois générales qui régissent l'administration de la justice criminelle en France.

174. — La loi de 1845, en indiquant un des modes les plus habituels de constater et prouver les contraventions, n'a point voulu exclure de ces matières l'application des règles générales, d'après lesquelles les contraventions peuvent être prouvées soit par procès-verbaux ou rapports, soit par témoins à défaut de rapports et procès-verbaux ou à leur appui.[1] Cela a été déclaré, sur l'observation de M. Pascalis, par le ministre des travaux publics ; la Chambre, par l'organe de son président, donna son assentiment aux explications fournies par le ministre. D'ailleurs, au lieu de *seront* constatées, la Chambre, pour faire droit à l'observation de M. Pascalis, sur la proposition de M. le rapporteur, mit *pourront*. Cette règle est sans cesse appliquée pour les contraventions aux lois sur la voirie.[2]

---

[1] Code d'inst. crim., art. 154 et 189 ; — séance de la Chambre des députés, du 1er fév. 1845 (*Moniteur* du 2, pag. 232 et 233) ; — Gand, n° 152 ; — Rebel, n° 740.

[2] *Servitudes de voirie*, n° 128.

175. — La loi ne fixe pas le délai dans lequel le procès-verbal doit être dressé. Ce n'est point là un oubli, mais un silence bien sage, car il est impossible de limiter à un agent un temps pendant lequel il sera obligé de se procurer toutes les données suffisantes pour constater une contravention et surtout un délit, avec toutes les circonstances qui puissent mettre les magistrats du parquet, et plus tard les juges, à même de reconnaître la gravité du fait et la certitude que celui auquel il est imputé en est l'auteur.

176. — Les procès-verbaux doivent être visés pour timbre et enregistrés en débet.[1] En matière de grande voirie, dans plusieurs cas il a été reconnu que les procès-verbaux pouvaient être écrits sur papier libre, non visé pour timbre, et qu'ils n'étaient pas sujets à l'enregistrement, notamment en matière de contravention de roulage.[2] Notre loi établit une règle que les fonctionnaires et agents désignés par elle pour constater les contraventions devront suivre.

177. — Les procès-verbaux dressés par des agents de surveillance et gardes assermentés devront être affir-

---

[1] Loi du 15 juillet 1845, art. 24.

[2] Ord. du 29 août 1821 (minis. de l'intérieur); 30 déc. 1822 (minis. des finances); 18 janv. 1826 (Vieu); circulaire du minis. de l'intérieur, du 31 déc. 1808; instr. du 17 janv. 1823, insérée au *Bull. des lois*; Une ord. du 22 fév. 1838, intervenue dans l'affaire Cauvin, semble avoir étendu cette règle à toutes les contraventions rentrant sous la loi du 29 floréal an x; — *Servitudes de voirie*, vol. 1, nº 124.

més dans les trois jours, à peine de nullité, devant le juge de paix ou le maire soit du lieu du délit ou de la contravention, soit de la résidence de l'agent. [1] Les procès-verbaux des fonctionnaires et agents désignés dans l'article 23 de la loi du 15 juillet 1845, pour constater les contraventions sur les chemins de fer, ne sont soumis à l'affirmation que lorsqu'ils sont dressés par des agents de surveillance et gardes assermentés, dès-lors les procès-verbaux dressés par les autres employés ou agents désignés par cette loi font foi jusqu'à preuve contraire, bien qu'ils ne soient pas affirmés. L'article 2 du décret du 18 août 1810 semble bien soumettre à la formalité de l'affirmation tous les procès-verbaux constatant des contraventions de grande voirie, mais la loi spéciale du 15 juillet 1845 fait, à l'égard de la constatation des contraventions sur les chemins de fer, une distinction à laquelle on doit avoir égard. [2]

178. — J'ai dit ailleurs [3] que l'obligation imposée par l'article 11 du Code d'instruction criminelle, à divers

[1] Loi du 15 juillet 1845, article 24, § 2.

[2] Sous la loi belge, tous les délégués à la police et surveillance des chemins de fer, depuis les simples agents jusque et y compris les inspecteurs en chef, doivent affirmer leurs procès-verbaux dans les trois jours (15 avril 1845, art. 11), l'officier public qui a reçu l'affirmation doit en donner avis dans la huitaine au procureur du roi (art. 12), le garde, rédacteur du procès-verbal, le transmet dans les 24 heures de l'affirmation à l'inspecteur, celui-ci, dans les trois jours de la réception, le fait parvenir au ministère public près le tribunal de simple police ou de police correctionnelle, suivant que le procès-verbal constate une contravention ou un délit (art. 12).

[3] *Servitudes de voirie*, n° 129.

fonctionnaires et agents, de rechercher les contraventions de police et d'en consigner la nature, les circonstances, les preuves et indices dans des procès-verbaux ou rapports, leur donne le droit de s'introduire dans le domicile des citoyens pour constater les contraventions. Cette règle est applicable aux matières que j'étudie. En cas de résistance ou d'opposition, si l'agent n'a pas qualité ou mandat suffisant pour la surmonter et passer outre, il doit se faire assister d'un fonctionnaire compétent et poursuivre ses recherches.[1] Si l'affaire était portée devant le tribunal de répression, et que celui-ci, pour s'éclairer, crût devoir ordonner une descente sur les lieux, tout empêchement apporté à l'exécution de ce jugement constituerait une opposition illégale que l'on pourrait vaincre en employant la force. Le poursuivant et le contrevenant doivent être appelés à un pareil acte d'instruction pour fournir leurs explications.[2]

—

SECTION III. — POURSUITE.

SOMMAIRE.

[1] Cass., 17 décembre 1847, Ch. crim. (Rouchon.)
[2] C. d'instr. crim., art. 152 et suiv. ; — Cass., 14 avril 1848., Ch. crim. (Levas).

179. — La poursuite devant avoir lieu comme en matière de grande voirie, aux termes de l'article 1er de la loi du 29 floréal an x, on devra suivre la voie administrative. Le préfet devra donc porter l'affaire devant le conseil de préfecture, lorsqu'il recevra les procès-verbaux par l'intermédiaire du sous-préfet ou de l'ingénieur en chef, et veiller à ce qu'il soit donné suite à ces procès-verbaux.

180. — C'est à l'autorité publique à exercer l'action publique. Un simple particulier ne peut pas, dans un intérêt public, investir les tribunaux de la connaissance d'une contravention, ou intervenir dans une instance introduite par l'administration. Les propriétaires ont le droit de signaler à l'autorité les contraventions en matière de grande voirie qui lèsent les intérêts privés ou nuisent à l'intérêt public ; c'est à l'administration seule qu'il appartient d'introduire et de poursuivre devant les conseils de préfecture les instances qui ont pour objet la répression de ces contraventions.[1] Cette solution doit être appliquée aux compagnies concessionnaires ; aucun pouvoir public ne leur est délégué et

[1] *Sic* pour les contraventions de voirie sur les voies de terre ; — conseil d'Etat, 11 mai 1807 (Beaudeau) ; 27 janv. 1840 (Turin) ; — Proudhon, *Dom. public*, n° 138 ; — *Servitudes de voirie*, n° 152 ; — et sur les voies d'eau, cons. d'Etat, 18 août 1807 (Voillereoud).

ne réside en elles, elles doivent subir la loi commune.
C'est ainsi que l'a décidé le conseil d'Etat, le 12 janvier 1850, au rapport de M. le conseiller d'Etat de
Saint-Aignan. Le sieur Tourblain, à Rouen, avait fait
des constructions près la station du chemin de fer de
Rouen au Hâvre. La compagnie avait vu dans ce fait
une contravention à l'article 5 de la loi du 15 juillet 1845; elle avait fait dresser procès-verbal par un
conducteur des ponts-et-chaussées, et traduit le sieur
Tourblain devant le conseil de préfecture de la Seine-
Inférieure. Le conseil ayant déclaré que le fait constaté
ne constituait pas une contravention, la compagnie se
pourvut contre cette décision. Devant le conseil d'Etat,
le sieur Tourblain a soutenu que la compagnie était
sans qualité pour le poursuivre, que les chemins de
fer faisant partie de la grande voirie, et les contraventions devant être constatées, poursuivies et réprimées
comme en matière de grande voirie, on ne pouvait agir,
aux termes de l'article 1er de la loi du 29 floréal an x,
que par la voie administrative. L'administration avait
dès-lors seule le droit d'agir; elle avait une liberté
d'appréciation et d'action absolue que la compagnie
ne pouvait pas contrôler et modifier en agissant à
sa place. M. du Martroy, commissaire du gouvernement, soutint cette fin de non-recevoir que le conseil
adopta par les motifs suivants : « Considérant que si
la loi du 15 juillet 1845 donne aux agents préposés à
la conservation et à la police du chemin de fer et dûment assermentés à cet effet, le droit de constater les
contraventions aux dispositions de ladite loi, aucun

article de cette loi n'attribue aux concessionnaires des chemins de fer le droit de poursuivre lesdites contraventions, qui doivent être poursuivies et réprimées comme en matière de grande voirie, aux termes de l'article 11 de la loi du 15 juillet 1845, qu'ainsi la compagnie concessionnaire du chemin de fer de Rouen au Hâvre est sans qualité pour se pourvoir contre l'arrêté du conseil de préfecture de la Seine-Inférieure, en date du 11 décembre 1846, qui a renvoyé le sieur Tourblain des fins du procès-verbal dressé contre lui, le 31 juillet 1846, pour contravention à ladite loi. »

Ce que le conseil d'Etat a jugé en 1850, lorsqu'il s'agissait de l'action directe, il l'a jugé le 12 mai 1853 pour le cas d'intervention.

Un procès-verbal avait été dressé contre le sieur Chauvin, propriétaire de terrains contigus à l'embarcadère du chemin de fer de Montpellier à Cette, à raison de constructions faites sans autorisation sur ces terrains. Condamné par le conseil de préfecture de l'Hérault, le sieur Chauvin a attaqué cette décision devant le conseil d'Etat, la compagnie est alors intervenue. Un décret du 12 mai a rejeté cette intervention par les motifs suivants : « Considérant que, d'après les lois et règlements relatifs à la grande voirie, l'administration est seule chargée de constater et poursuivre les contraventions en cette matière; considérant que si la loi du 15 juillet 1845 donne aux agents préposés par les concessionnaires des chemins de fer à la conservation et à la police desdits chemins, et dûment assermentés à cet effet, le droit de constater les contraventions aux dispositions

de ladite loi , aucun de ses articles n'attribue aux concessionnaires eux-mêmes le droit de poursuivre lesdites
contraventions, que la compagnie du chemin de fer de
Montpellier à Cette est sans qualité pour intervenir dans
la cause.... Au fond... »

M. Jousselin, [1] appréciant la décision du conseil du
12 janvier 1850, dit que cette décision est malheureuse
et contraire aussi bien aux intérêts de l'Etat lui-même
qu'aux intérêts légitimes des concessionnaires, mais il
reconnaît qu'elle est fondée en principe. Nous nous réu-
nissons à M. Lebon [2] pour dire que M. Jousselin s'est
exagéré les inconvénients de la décision qui précède.
C'est toujours avec peine que nous verrons des démem-
brements de la puissance publique passer à de simples
particuliers ou à des compagnies. L'exercice de l'action
publique a toujours été réservée , en France , aux représentants des pouvoirs publics ; leur position, la surveillance dont ils sont l'objet, la responsabilité qu'ils
encourent, le contrôle qu'ils subissent sont de sûrs
garants qu'ils rempliront leurs devoirs, et il n'est point
d'une sage administration de la justice de les placer en
concours avec des simples particuliers ou des compagnies qui n'ont à administrer que des intérêts privés et
à agir en vue de ces intérêts. Si un simple particulier
ne peut agir au nom de la société qu'il n'a pas qualité
pour représenter, d'un autre côté, il peut se faire que
le fait qui constitue une contravention porte atteinte à

[1] *Servitudes d'utilité publique,* tom. II, pag. 398.
[2] *Recueil des arrêts du conseil d'État,* année 1850, pag. 40.

un droit acquis particulier et individuel, dans ce cas,
la partie lésée a une action directe qu'elle peut exercer
personnellement et indépendamment de l'action publique. La partie lésée pourra également alors agir inci-
demment et par intervention, si l'action publique a été
intentée. [1] Ce droit ne saurait être refusé aux compagnies établies pour la construction ou l'exploitation des
chemins de fer. Leur personne morale est une personne
juridique qui a toutes les actions qui peuvent être exercées par les simples particuliers. Mais, dans ces derniers
cas, je fais remarquer que les parties lésées devront le
plus souvent agir par voie civile devant des tribunaux
distincts des tribunaux de répression en matière de
grande voirie. [2]

181. — J'ai indiqué, dans les numéros 135, 136,
137 et 138 du *Traité sur les servitudes de voirie*, dans
quels cas les poursuites pouvaient-être dirigées contre
les propriétaires, locataires, tiers-détenteurs, entrepreneurs et ouvriers, je ne reproduirai pas tout ce que j'ai
dit à ce sujet, je me borne à renvoyer aux règles que
j'ai déjà posées ; les mêmes principes sont applicables
aux matières que j'étudie.

182. — Le conseil d'État a jugé le 7 janvier 1843,
dans l'affaire de Barrois, « qu'aucune disposition de loi
n'exigeait la notification des procès-verbaux de contra-

[1] *Servitudes de voirie*, n° 134.
[2] *Id.*

vention. » Comme il s'agissait dans cette affaire d'une contravention de grande voirie, et que l'article 11 de la loi du 15 juillet 1845 porte : que les contraventions doivent être poursuivies comme en matière de grande voirie, il semble qu'il faudrait tenir que le conseil ne considère pas comme obligatoire la notification d'un procès-verbal constatant une contravention à la police des chemins de fer.

Toutefois, comme le procès-verbal fait foi jusqu'à preuve contraire, et qu'il doit, aux termes des articles 23 et 24 de la loi du 15 juillet 1845, être revêtu de certaines formalités, il nous paraît qu'il devra être notifié au contrevenant. [1]

Cela est d'ailleurs on ne peut plus juste, il faut que l'accusé soit mis à même de se défendre, et pour cela qu'il connaisse complètement ce dont on l'accuse. Il faut en outre qu'il soit mis à même de discuter, même en la forme, une pièce qui, pour faire foi contre lui, doit présenter certaines garanties de forme.

La notification du procès-verbal est textuellement exigée par notre article 13, lorsqu'il s'agit des contraventions de voirie commises par les concessionnaires ou fermiers de chemin de fer.

183. — Nous croyons que l'on doit appliquer également à l'encontre des riverains le droit que l'article 15 reconnaît à l'administration, de prendre immédiate-

---

[1] M. Cotelle, *Traité des procès-verbaux de contrav. en mat. adm.*, pag. 128.

ment à légard des concessionnaires toutes les mesures
provisoires nécessaires pour faire cesser le dommage.
Il a pu être nécessaire de mentionner ce droit lorsqu'il
s'agissait de régler les rapports de l'administration avec
les concessionnaires déjà liés par un contrat dont ils
pourraient exciper comme de la seule loi obligatoire
pour eux ; mais lorsqu'il s'agissait de contraventions
commises par les riverains, qui sont tout à fait étrangers
à l'exploitation, c'était de droit commun. Les chemins
de fer faisant partie de la grande voirie, aux termes de
l'article 1er de la loi de 1845, l'administration, conformément aux lois de la grande voirie, pouvait prescrire,
en cas de contraventions, les mesures provisoires né-
cessitées par les besoins du service. [1]

—

SECTION IV. — RÉPRESSION.

§ 1er — Tribunaux compétents, procédure.

SOMMAIRE.

[1] Les questions relatives aux droits de l'administration en pareil cas,
dans les matières concernant la grande voirie, sont étudiées dans le
Traité sur les servitudes de voirie, n° 139.

184. — L'article 11 de la loi du 15 juillet 1845 disposant que les contraventions au titre 1er de cette loi seront constatées, poursuivies et réprimées comme en matière de grande voirie, les conseils de préfecture se trouvent investis de la connaissance de ces contraventions. C'est, en effet, ces conseils qui connaissent des contraventions de grande voirie, d'après la loi du 29 floréal an x et le décret du 16 décembre 1811. M. de la Plesse se plaignait de ce que l'on augmentait ainsi l'étendue d'une juridiction qui ne lui paraissait pas présenter des garanties suffisantes aux justiciables. M. Dumont, ministre des travaux publics, répondait : « Quant à la compétence de l'autorité administrative en pareille matière, elle ne peut évidemment pas être contestée. Il ne peut y avoir une juridiction pour la conservation des routes de terre, et une juridiction différente pour la conservation des routes de fer. Les routes de fer, comme les routes de terre, font partie du domaine public, et il est de principe fondamental que ce qui tend à la conservation du domaine public est dans les attributions de la juridiction administrative. » Le ministre demanda la consécration de ce principe, ce qui eut lieu sans opposition. [1] Aussi, dans les rares circonstances où la compétence des conseils de préfecture était contestée en ces matières, le conseil d'Etat n'a pas balancé à la reconnaître. [2]

185. — Le recours contre les décisions des conseils de préfecture, qui statuent sur des contraventions à la loi concernant la police des chemins de fer, doit être porté devant le conseil d'Etat.

186. — La compétence des conseils de préfecture ne s'étend pas au-delà de la répression de la contravention. Lorsque le fait incriminé est accompagné de circonstances qui peuvent lui donner les caractères d'un délit et d'un crime et entraîner une pénalité autre que l'amende, la justice administrative doit se borner à statuer sur la contravention seule, elle ne peut

[1] C'est à propos de l'article 2 que cette discussion s'était élevée à la Chambre des députés, dans la séance du 31 janvier. Dans la séance du 1er février 1845, M. Taillandier, au sujet des nouvelles attributions conférées aux conseils de préfecture, exprima le désir que l'on régularisa le fonctionnement de ces conseils. Je crois en effet, comme je l'ai dit dans un article inséré, année 1849, t. I, pag. 213, de la *Revue de législation*, dirigée par M. Wolowski, que ce serait là une chose fort utile. Le gouvernement s'était occupé d'une loi sur les conseils de préfecture avant 1848. Depuis, on a fait de nouvelles études résumées dans un excellent rapport qu'a bien voulu me communiquer M. le conseiller d'Etat Boulatignier. Espérons que le gouvernement, mettant à profit ce précieux document, comblera les imperfections que présente sur ce point l'organisation du contentieux administratif.

[2] Cons. d'Etat, 29 mars 1851 (Chabanne et Drevet) ; 9 août 1851 (Ajasson de Gandsagne).

connaître du délit, ni prononcer un emprisonnement. [1] C'est là une règle fondamentale de notre organisation judiciaire, et aucun doute sérieux ne peut
s'élever à ce sujet. L'article 11 de notre loi a consacré
cette règle en disposant que les contraventions aux règles qu'elle pose seront punies d'amende, sans préjudice, s'il y a lieu, des peines portées au Code pénal et
au titre 3 de cette loi.

On a dit qu'une pareille mention était inutile et dangereuse. [2] Inutile, parce que les conseils de préfecture
doivent renvoyer aux tribunaux ordinaires la connaissance des délits étrangers à la voirie qui résulteraient
des faits à eux révélés, et ne s'occuper de ces faits que
dans leurs rapports avec les règles de la voirie, au
point de vue de l'infraction qui en résulte aux lois sur
cette matière. La réserve est en outre dangereuse en
ce qu'elle est limitée aux seules peines prévues par le
Code pénal et par le titre 3 de la loi, tandis que les faits
qui constituent une contravention de grande voirie
peuvent en même temps établir, à la charge des préve-
nus, une infraction à des dispositions répressives autres
que celles du Code pénal et du titre 3 de la loi de 1845.
Ce double reproche nous paraît assez peu fondé pour
ne pas mériter d'être reproduit. Ainsi, il n'est pas inutile, en matière pénale, dans une loi spéciale, de mentionner qu'une règle de droit criminel, quelque juste

[1] On trouvera de nombreuses autorités en ce sens dans le *Traité
sur les servitudes de voirie*, n° 144.
[2] M. Gand, n° 120 ; — Rebel et Juge, n° 624.

et générale qu'elle soit, sera appliquée. Quant aux indications relatives au Code pénal et à la loi de 1845,
elles me paraissent peu dangereuses ; quelle que soit
l'audace de l'esprit de controverse, j'espère bien qu'on
n'ira pas jusqu'à soutenir que ce sont là des indications
limitatives, on reconnaîtra qu'elles sont purement in-
dicatives.

187. — Le conseil de préfecture devra donc se
borner à statuer sur la contravention, mais s'il s'agissait
d'un fait présentant les caractères d'une contravention
et d'un délit, et que le tribunal correctionnel fût investi
avant le conseil de préfecture, devrait-il statuer sur le
délit et sur la contravention? Non, parce que le jugement
de la contravention étant attribué à un autre ordre de
juridiction, le tribunal correctionnel est incompétent
ratione materiæ. [1]

Le fait considéré comme délit devra, dès-lors, être
déféré aux tribunaux correctionnels, et le jugement de
la contravention devra être porté devant le conseil de
préfecture. Le conseil d'Etat a eu l'occasion d'appliquer
cette règle, le 9 août 1851, à l'encontre du sieur Ajasson de Gandsagne, qui avait enlevé des marnes le long
d'un chemin de fer et avait détruit une haie d'échalas
pour faciliter cet enlèvement. Le conseil a décidé que
le sieur Gandsagne, à raison de ce fait, avait été juste-

---

[1] J'ai cru devoir combattre, dans les *Servitudes de voirie*, n° 146,
l'opinion contraire émise par Proudhon, *Domaine public*, n° 299. La
question n'est réellement sérieuse que lorsqu'elle se présente en matière
de petite voirie.

ment l'objet d'une double poursuite : la première, devant
le tribunal correctionnel pour bris de clôture (art. 556
du Code pénal) ; la seconde, devant le conseil de préfecture, pour contravention aux lois et règlements sur
la grande voirie.

188. — Lorsqu'il se présente devant le conseil de
préfecture des questions préalables qu'il n'a pas compétence pour apprécier et qui peuvent avoir quelque
influence sur le jugement du fait incriminé, le conseil
ne doit pas se désinvestir, mais sursoir à statuer au fond
jusqu'à ce que la décision à intervenir sur la difficulté
qui s'est ainsi élevée ait été rapportée.[1] Je ne saurai trop
faire remarquer ici que le sursis ne doit être accordé
que lorsque la question qui s'élève est réellement préju-
dicielle. Ainsi aucun sursis ne saurait être prononcé
alors même qu'un contrevenant soulèverait une exception de propriété, si les droits de propriété qu'il
pouvait avoir, lors même qu'ils viendraient à être reconnus, ne pouvaient, à raison de l'incorporation au
domaine public par suite de mesures administratives,
se résoudre qu'en une indemnité [2]

189. — Les prescriptions contenues dans la loi du

[1] Cass., ch. crim., 6 octobre 1832 (Facquer); 12 juin 1845 (v° Lignon);
— Cotelle, *Traité des procès-verbaux en matière adm.*, n°s 11, 5, 20.
J'ai déjà examiné cette question dans le *Traité sur les servitudes de
voirie*, tom. I, n° 140.
[2] Trib. des conflits, 15 mars 1850 (Ajasson de Gandsagne), et surtout conseil d'Etat, 9 août 1851, (même affaire).

15 juillet **1845** sont la consécration de mesures de police auxquelles personne n'a le droit de se soustraire, et dont les compagnies ne peuvent autoriser la violation. Ainsi le riverain poursuivi pour avoir établi le long du chemin de fer des ouvrages prohibés par la loi, ne pourrait être déchargé des poursuites en justifiant d'une autorisation préalable concédée par la compagnie concessionnaire. Il n'y a donc pas lieu de surseoir au jugement définitif, lorsque le contrevenant demande à faire la preuve de cette autorisation. [1]

—

§ 2. — Pénalité.

SOMMAIRE.

190. — L'article **11** de la loi du **15** juillet **1845**

[1] Conseil d'Etat, 29 mars 1851 (Chabanne et Drevet).

porte que les contraventions aux dispositions du titre 1er de cette loi seront punies d'une amende qu'elle a déterminée. Il en résulte que les peines édictées par les anciens règlements sur la voirie ne sont pas applicables aux riverains des chemins de fer. [1]

191. — L'amende encourue par les contrevenants ne peut être inférieure à 16 francs, ni dépasser 300 francs. La loi belge s'est arrêtée à un *maximum* de 200 francs. Le chiffre adopté par la loi française concorde mieux avec les limites posées dans la loi du 13 mars 1842, réglant la quotité des amendes encourues en certains cas dans les matières de grande voirie.

192. — Le conseil d'État ne faisant que proposer les décrets qui statuent sur le contentieux administratif, [2] et les décrets qui interviennent en ces matières émanant du chef de l'État, ces actes peuvent modérer l'amende encourue par les contrevenants, et, en tenant le fait pour constant, faire même remise entière de cette amende. Le droit de grâce appartenant au souverain, un pareil acte ne cessera pas d'être régulier et légal. [3]

[1] Voy. *supra*, n° 168, et MM. Gand, n° 39 ; Rebel et Juge, n° 621.
[2] Décret du 25 janvier 1852, sur l'organisation du conseil d'État, art. 1, § 2 et art. 24.
[3] *Servitudes de voirie*, n° 101 et les décisions qui y sont indiquées. Il n'en a pas été de même après les modifications apportées, en 1848, à l'organisation du conseil d'État ; mais le décret du 25 janvier 1852 a fait revivre ces principes.

Le conseil de préfecture, simple tribunal administra-tif inférieur, n'a pas le droit de faire grâce. Lorsqu'il reconnaît une contravention, il ne peut pas plus dépas-ser le *maximum* de l'amende fixée par la loi que des-cendre au-dessous du *minimum*. Chargé d'exécuter les lois et de réprimer les contraventions, son pouvoir ne peut aller jusqu'à violer ces lois.[1] Dès-lors, le conseil de préfecture, en ces matières, ne devrait, dans aucun cas, prononcer une amende inférieure à 16 francs ou supérieure à 300 francs. Toutefois, l'article 26 de notre loi porte : « L'article 463 du Code pénal est applicable aux condamnations qui seront prononcées en exécu-tion de la présente loi. » Cette disposition devait-elle être formulée d'une manière aussi générale et sans distinctions entre les contraventions et les délits? Qu'im-porte, la loi est on ne peut plus claire, et en l'appli-quant il faut reconnaître que les contrevenants pourront bénéficier, devant les conseils de préfecture, des disposi-tions de l'article 463 sur les circonstances atténuantes, comme le délinquant pourra le faire devant la justice criminelle.[2] L'article 463 sera applicable même en cas de récidive.[3]

193. — L'article 27 de la loi du 15 juillet 1845

[1] Cons. d'État, 6 juin 1844 (Moulinier) ; 14 mars 1845 (Grésillon).

[2] MM. Rebel et Juge, nos 626 et 750 ; — Gand, no 120 ; — Deville-neuve et Carette, *Lois annotées*, loi du 15 juillet 1845, not. 41.

[3] Cela est de règle constante dans les matières ordinaires, dans l'an-née 1855 seule, la Cour de cassation l'a reconnu au moins dans trois arrêts, les 1er février, 29 août et 10 octobre.

porte : « En cas de conviction de plusieurs crimes ou délits prévus par la présente loi ou par le Code pénal, la peine la plus forte sera seule prononcée. Les peines encourues pour des faits postérieurs à la poursuite pourront être cumulées, sans préjudice des peines de la récidive. »

Cette disposition se trouvant limitée aux crimes et aux délits, il y a lieu de suivre, en matière de contravention, des règles contraires,[1] et de décider que le bénéfice de cet article ne peut être appliqué à l'individu prévenu, soit de plusieurs contraventions, soit à la fois de crimes ou délits et de contraventions.[2] M. Isambert, auteur de l'amendement qui a motivé l'article 27, avait proposé d'abord d'étendre aux contraventions la règle qu'il consacre, mais il retira cette partie de son amendement, sur les observations de la commission et du garde-des-sceaux.

194. — Les contrevenants doivent non-seulement être condamnés à l'amende, mais ils doivent en outre être condamnés à supprimer les excavations, couvertures, meules ou dépôts faits contrairement à la loi.[3] La loi ne cite point textuellement les constructions, leur démolition n'en doit pas moins être ordonnée lorsqu'elles ont été faites contrairement aux règles que doivent

---

[1] C'est l'opinion à laquelle s'est rangée la Cour de cassation, après quelque hésitation, c'est l'avis du Conseil ; j'ai cru devoir établir ces points dans le n° 104 des *Servitudes de voirie.*

[2] Rebel et Juge, n°s 625 et 731 ; — Gand n°s 120 et 159.

[3] Loi du 15 juillet 1845, art. 11.

suivre les riverains des chemins de fer ; la démolition, comme la suppression des ouvrages ou dépôts illégalement faits, est moins une peine que la réparation du préjudice que causerait la contravention en continuant à subsister, et il est reconnu que le tribunal compétent pour prononcer la répression, a qualité pour prononcer accessoirement cette réparation.

Toutefois, j'ai longuement soutenu ailleurs que le juge qui devait prononcer une amende toutes les fois qu'il s'agissait d'une construction illégalement élevée, ne devait pas prononcer la démolition lorsque la construction, faite sans observer les formalités préalables prescrites par la loi, était de nature à être autorisée. [1] Cette opinion est applicable aux matières que j'étudie.

—

§ 3. — Exécution des condamnations.

SOMMAIRE.

[1] *Servitudes de voirie*, n° 107, et *Revue de législation*, de Wolowski, année 1847, juillet, tom. ii, pag. 346 et suiv.

199 — Qui assure cette exécution ?
200 — Recouvrement des frais auxquels elle donne lieu.
201 — Frais généraux d'instance en condamnation.

195. — Ce sont les préfets, chargés d'assurer le service de la grande voirie, qui sont chargés d'exécuter les décisions des conseils de préfecture.

196. — Les arrêtés portant condamnation doivent être notifiés par huissier. [1]

197. — Le recouvrement des amendes a lieu par les préposés de l'enregistrement et des domaines, en exécution du décret du 29 août 1813, qui a remplacé l'article 116 du décret du 16 décembre 1811 ; cette dernière loi chargeait le receveur général de la rentrée des amendes de grande voirie. L'exécution peut être forcée par l'envoi de garnissaires et par la saisie des meubles, en vertu des arrêtés des conseils de préfecture. [2]

198. — Les conseils de préfecture, en ordonnant la suppression des entreprises illégalement faites par les riverains, peuvent leur accorder un délai pour l'exécu-

---

[1] *Servitudes de voirie*, n° 159, et les auteurs et décisions cités à l'appui. Le directeur général des ponts-et-chaussées, dans sa circulaire du 12 septembre 1816, a désapprouvé les préfets qui notifiaient les arrêtés des conseils de préfecture, comme les leurs propres, ou les faisaient notifier par les ingénieurs. Le directeur ajoutait que les notifications de ce genre n'avaient pas de caractère légal.

[2] Art. 4 de la loi du 29 floréal an x.

tion de cette partie de leur décision. [1] Cette disposition, qui se retrouve dans l'article 4 de la loi belge du 15 avril 1843, est fâcheuse en ce qu'elle donne en France, aux tribunaux administratifs, et en Belgique, aux tribunaux judiciaires compétents en ces matières, le soin d'apprécier le délai dans lequel il convient que des établissements irréguliers et contraires à l'intérêt public soient détruits. C'est permettre aux tribunaux d'empiéter sur l'administration.

199. — Si le contrevenant n'exécute pas la décision qui le condamne, il est procédé à cette exécution d'office. [2] C'est à la requête des préfets qu'elle doit avoir lieu, les ingénieurs et agents des ponts-et-chaussées sont sans qualité pour agir directement en leur nom. [3]

200. — Lorsque la suppression a lieu d'office, le montant de la dépense est recouvré contre les condamnés par voie de contraintes, comme en matière de contributions publiques. [4] Cette contrainte doit être décernée en vertu du rôle déclaré exécutoire par le préfet.

Les difficultés qui peuvent s'élever concernant la liquidation doivent être jugées administrativement.

---

[1] Art. 11, § 2 de la loi du 15 juillet 1845.
[2] Même loi, art. 11, § 3.
[3] Gillon et Stourm, *Traité de la voirie*, n° 119.
[4] Art. 11, § 3, loi du 15 juillet 1845. Même disposition dans la loi belge du 13 avril 1845, qui ajoute toutefois... sur simple état dressé « par le fonctionnaire qui aura pris les mesures d'exécution. »

201. — Les frais généraux d'instance auxquels donne lieu le jugement de la contravention sont recouvrés comme les amendes. [1]

—

SECTION V. — PRESCRIPTION.

202. — Sous le bénéfice des observations que nous avons présentées au chapitre de l'alignement dans notre *Traité des Servitudes de voirie,* [2] je répèterai, avec plusieurs auteurs et presque tous les tribunaux, que la prescription s'applique aux contraventions de grande voirie, et par suite à celles que nous avons étudiées, que le temps pour prescrire est, d'après le conseil d'État, d'un an. [3] Que la prescription ne peut assurer la conservation des entreprises illégales, que l'on peut toujours faire cesser et disparaître. [4]

---

[1] *Servitudes de voirie,* n° 167, et *supra,* n° 197.
[2] *Id.,* n°s 168, 169 et 170.
[3] *Id.,* n° 171.
[4] *Id.,* n° 169.

203. — Les peines prononcées par les conseils de préfecture se prescrivent par un an. [1]

204. — Je me borne, au surplus, à renvoyer au livre 1er, chapitre 1er, section 1re, § 6, article 6 des *Servitudes de voirie*, où l'on trouvera discutées les diverses questions de prescription qui peuvent s'élever en matière de grande voirie.

---

[1] *Servitudes de voirie*, n° 172. Je crois inutile de dire que lorsque, dans le courant de ces études, j'ai renvoyé au traité sur les *Servitudes de voirie*, je n'ai pas eu la ridicule prétention de me citer comme une autorité, j'ai entendu me borner à renvoyer aux développements que je donnais dans ce traité à des questions qui se représentaient ici, pour ne pas reproduire *in extenso*, et par suite fort inutilement, ces développements.

ARTICLE XII.

Lorsque le concessionnaire ou le fermier de l'exploitation d'un chemin de fer contreviendra aux clauses du cahier des charges ou aux décisions rendues en exécution de ces clauses, en ce qui concerne le service de la navigation, la viabilité des routes royales, départementales et vicinales, ou le libre écoulement des eaux, procès-verbal sera dressé de la contravention, soit par les ingénieurs des ponts-et-chaussées et des mines, soit par les conducteurs, gardes-mines et piqueurs, dûment assermentés.

ARTICLE XIII.

Les procès-verbaux, dans les quinze jours de leur date, seront notifiés administrativement au domicile élu par le concessionnaire ou le fermier, à la diligence du préfet, et transmis dans le même délai au conseil de préfecture du lieu de la contravention.

ARTICLE XIV.

Les contraventions prévues à l'article 12 seront punies d'une amende de 300 francs à 3000 francs.

ARTICLE XV.

L'administration pourra, d'ailleurs, prendre immédiatement toutes mesures provisoires pour faire cesser le dommage, ainsi qu'il est procédé en matière de grande voirie.

Les frais qu'entraînera l'exécution de ces mesures seront recouvrés, contre les concessionnaires ou fermiers, par voie de contrainte, comme en matière de contributions publiques.

—

SOMMAIRE.

205. — Les articles 12, 13, 14 et 15 de la loi du 15 juillet 1845 ont pour objet les contraventions de voirie commises par les concessionnaires ou fermiers de chemins de fer.

206. — J'ai cru devoir rappeler et étudier sommairement les dispositions qu'ils contiennent comme complément de l'examen que j'ai fait du titre 1er de la loi de 1845. D'ailleurs les riverains des chemins de fer ont souvent le plus grand intérêt à ce que les concessionnaires ou fermiers de chemins de fer exécutent rigoureusement les conditions qui leur sont imposées par les cahiers de charge, et à ce point de vue il rentrait dans mon cadre d'indiquer comment, en cas de négligence de leur part, on peut les ramener à l'exécution des contrats qui font leur loi.

207. — Le titre II de la loi de 1845, qui renferme les articles que nous examinons, était intitulé dans le projet du gouvernement : *Des mesures relatives à l'exécution des contrats passés entre l'État et les compagnies.* Ces mesures, dont le but était de réprimer les contraventions commises aux clauses des cahiers des charges dans les travaux d'exécution, d'entretien ou d'exploitation du chemin, parurent à la commission de la Chambre des pairs étrangères à l'objet de la loi, et furent repoussées comme empreintes de rétroactivité.

M. le baron Dupont Delporte proposa alors un amendement dont il développait ainsi l'utilité devant la Chambre des pairs, dans la séance du 5 avril 1844 :

« Pour comprendre toute l'importance du titre II, il faut avoir été mêlé, comme nous l'avons été, à la pratique de ce genre d'affaires, il faut savoir combien de fois, dans les réclamations qui ont été faites, l'on a vu les règlements sans effet, les contraventions sans répression efficace et les faits dont on avait à se plaindre subsister longtemps! C'est donc en quelque sorte par un acte de conscience administrative que j'ai cru devoir proposer à la Chambre un amendement qui tendrait, pour certaines contraventions, à consacrer une augmentation de peines, lorsqu'une commission aussi éclairée et un rapporteur aussi savant vous ont demandé la suppression entière du titre II......

« Les cahiers des charges, dit-on, contiennent des moyens suffisants de répression. Il est vrai que les cahiers des charges donnent au gouvernement ce pouvoir énorme de prononcer la déchéance contre les compagnies qui n'obéiraient pas à ses décisions; mais pourrait-on appliquer une pénalité de cette nature à des infractions qui, pour compromettre la sûreté publique et le service des communications anciennes, ne devraient être passibles que d'une amende proportionnée à la gravité de ces infractions?

« Les cahiers des charges disent encore que l'administration a le droit de refuser la réception définitive des travaux, s'ils ne sont pas exécutés conformément aux plans qu'elle a approuvés. Les compagnies se préoccupent peu de ce droit; ce qui les intéresse, c'est la mise en exploitation du chemin de fer et la perception des produits; elles savent bien qu'alors qu'une telle voie de communication a été livrée au public, il n'est plus possible de l'en priver; dans les procès-verbaux de réception provisoire, les ingénieurs font bien des réserves; elles restent la plupart du temps sans résultat. L'action de l'administration pendant la construction des chemins de fer est à peu près nulle. L'administration n'a pas la direction des travaux; elle n'exerce qu'un droit de contrôle et de surveillance; elle donne des avertissements, l'on n'y a pas égard.....

« L'administration peut dresser des procès-verbaux; mais il n'y a pas de sanction pénale. Quant à l'exécution d'office, indépendamment des difficultés qu'elle rencontre dans le manque des fonds nécessaires ou le paiement des ouvrages; indépendamment des collisions auxquelles elle donnerait lieu, cette faculté est très contestable, elle n'existe dans le cahier des charges que pour l'entretien des chemins; il est douteux que l'on en puisse user pendant les diverses périodes de leur construction. »

La proposition du baron Dupont Delporte fut vivement combattue. On lui reprochait de porter sur un objet étranger à celui de la loi ;

De déroger à la législation sur les travaux publics;

De changer l'ordre des juridictions en matière de petite voirie.

On soutenait qu'elle était inutile, le gouvernement étant investi du droit de surveillance et étant armé de tous les pouvoirs nécessaires pour la rendre efficace.

On lui reprochait d'aggraver inutilement les pénalités;

De rétroagir en soumettant les compagnies à des

obligations plus grandes que celles sous la loi desquelles elles avaient traité et construit les chemins de fer.

Malgré ces attaques, l'amendement fut défendu par le gouvernement et adopté presque textuellement par la Chambre.

208. — Il en résulte que lorsque les concessionnaires ou fermiers de l'exploitation d'un chemin de fer contreviennent aux clauses du cahier des charges ou aux décisions rendues en exécution de ces clauses, en ce qui concerne le service de la navigation, la viabilité des routes royales, départementales et vicinales, ou le libre écoulement des eaux , procès-verbal doit être dressé de la contravention. [1]

209. — Lors de la discussion de la loi à la Chambre des pairs, M. Laplagne Barris, disait : Je n'admets pas de contraventions créées par des décisions quelconques. Le ministre des travaux publics lui répondait : « Nous ne voulons pas créer des contraventions par voie de décisions ministérielles et surtout par voie de circulaires administratives, Dieu nous en garde ! mais les clauses des cahiers des charges qui font la loi des parties ont souvent besoin, pour être mises à exécution, de décisions ministérielles qui n'ont de valeur qu'autant qu'elles sont rendues dans les limites du cahier des charges, et, comme dit l'amendement, qu'elles viennent en exécution du cahier des charges lui-même. En

[1] Art. 12 de la loi du 15 juillet 1845.

voici un exemple : le cahier des charges dit que les routes royales ne pourront être détournées qu'à la condition d'être rétablies sur une pente déterminée. Eh bien ! un détournement est demandé , une décision ministérielle intervient, qui modifie, rectifie, élargit, restreint, comme on voudra , la décision du cahier des charges. Elle déclare que ce détournement ne pourra avoir lieu qu'à la condition d'une pente ou plus forte ou plus faible. Eh bien ! est-ce que cette décision ministérielle ne devient pas le cahier des charges lui-même? Est-ce qu'on peut contrevenir à cette décision sans contrevenir au cahier des charges lui-même? Est-ce qu'elle n'est pas en quelque sorte le cahier des charges mis en action ? Est-ce que si vous lui déniez l'autorité qu'elle doit avoir, vous ne la rendrez pas ou stérile ou impuissante, si vous retirez toute sanction à la décision ministérielle qui a pour objet de l'appliquer?»

210. — Des agents spéciaux ont seuls qualité pour constater ces contraventions spéciales, ce sont les ingénieurs des ponts-et-chaussées et des mines, les conducteurs, gardes-mines et piqueurs dûment assermentés. [1] En exigeant cette dernière formalité, on empêche que des individus qui ne seraient pas Français, appelés par des étrangers qui ont des intérêts dans les mines, ne fussent investis par délégation d'une partie de la puissance publique. [2]

---

[1] Art. 12 de la loi du 15 juillet 1845.
[2] Observations de la commission de la Chambre des pairs.

211. — Les procès-verbaux, dans les quinze jours de leur date, doivent être notifiés administrativement, c'est-à-dire par l'intermédiaire des agents de l'administration, au domicile élu par le concessionnaire ou le fermier, à la diligence du préfet. [1]

212. — Ils doivent, dans le même délai, être transmis par ce fonctionnaire au conseil de préfecture du lieu de la contravention. [2] Le conseil de préfecture serait donc compétent, alors même qu'il s'agirait d'une contravention aux clauses du cahier des charges ou aux décisions rendues en exécution de ces charges, en ce qui concerne la viabilité des routes vicinales. [3]

213. — Les contraventions ainsi constatées contre les concessionnaires ou fermiers des chemins de fer sont punies d'une amende de 300 à 3,000 francs. [4] C'est dès-lors cette amende qui serait applicable, si la contravention portait sur la viabilité d'un chemin vicinal; l'amende de 5 francs, applicable en matière de petite voirie, ne saurait être appliquée à des compagnies disposant de capitaux énormes et pouvant trouver de véritables avantages dans l'insoumission où elles se placeraient. [5]

214. — L'administration peut prendre immédiate-

[1] Art. 13 de la loi du 15 juillet 1845.
[2] *Id.*
[3] Observations de M. Dupont Delporte à la séance de la Chambre des pairs du 3 avril 1844. *Moniteur* du 4 avril.
[4] Art. 14 de la loi du 15 juillet 1845.
[5] Observations de M. Dupont Delporte, *Moniteur* du 4 avril 1844.

ment toutes les mesures provisoires pour faire cesser le dommage, et les frais faits dans ce cas sont recouvrés contre les concessionnaires ou fermiers par voie de contrainte, comme en matière de contributions publiques.[1]

215. — Nous avons déjà dit ailleurs que l'administration avait seule qualité pour poursuivre la réparation des contraventions à la police des chemins de fer, la même observation est applicable à la nature des contraventions que nous examinons aujourd'hui, et il y a dans ces matières spéciales encore plus de raisons de refuser une action à de simples particuliers; non-seulement ces derniers devraient être repoussés parce qu'ils n'ont pas l'exercice de l'action publique, mais encore parce que, s'agissant de l'exécution d'un contrat passé avec l'État et une compagnie, c'est à l'État seul à apprécier si, dans l'intérêt public, il y a lieu de forcer les compagnies qui n'exécuteraient pas rigoureusement les clauses de leur traité à s'y conformer.

C'est donc avec raison que le conseil de préfecture de la Seine a jugé, le 18 septembre 1843, qu'une commune était sans qualité pour demander contre le concessionnaire d'un chemin de fer l'exécution de l'obligation imposée par le cahier des charges, d'établir une station dans cette commune. La même solution devrait intervenir sous la loi de 1845.

216. — Mais si les particuliers ou les communes,

[1] Art. 15 de la loi du 15 juillet 1845.

au lieu de réclamer l'exécution des clauses du cahier des charges, se plaignaient d'un préjudice direct et matériel, causé à leur propriété ou à leurs voies de communication, résultant du défaut d'exécution de certains ouvrages prévus dans le cahier des charges, ils auraient incontestablement le droit de réclamer une indemnité pour réparation de ces dommages, et de s'adresser à l'administration pour obtenir gracieusement, par son intermédiaire, l'exécution de ces travaux. [1]

J'ai constaté le droit à l'indemnité dans le cas d'un préjudice direct et matériel causé à une propriété privée ou communale, ce droit cesserait d'exister s'il ne s'agissait que de modifications apportées d'ordre de l'administration à une rivière navigable, modifications qui auraient gêné le service de la navigation fluviale. Il appartient en effet à l'administration de déterminer, dans l'intérêt général, la nature et les dispositions des ouvrages à établir dans le lit et sur les bords des rivières navigables et flottables, et les modifications que peut subir l'état de ces rivières, par suite desdits ouvrages, ne sauraient donner ouverture contre l'État à un droit à indemnité qu'au cas où il résulterait de leur exécution un dommage direct et matériel pour des tiers. [2]

[1] Conseil d'État, 28 novembre 1845 (chem. de Saint-Etienne) ; et 31 janvier 1848 (chem. du Gard).
[2] Conseil d'État, 2 août 1851 (chem. de Paris à Rouen).

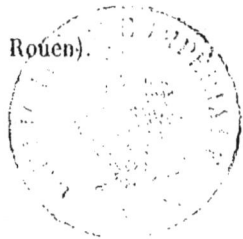

FIN.

TABLE ANALYTIQUE ET RAISONNÉE

DES MATIÈRES

PAR ORDRE ALPHABÉTIQUE.

———◦———

Les chiffres indiquent les numéros d'ordre.

A

tance, 105 et 119 ; — autorise le gouvernement à faire supprimer toutes les constructions, plantations, etc., menaçant la sûreté de la voie, 145 ; — règle les constatation, poursuite et répression des contraventions, 167 ; — établit des agents de surveillance spéciaux, 91.

c

90, 114, 146 et suiv. ; — sont défendues à une certaine distance du chemin de fer, 106, 114 et 118 ; — sont permises à plus de 20 mètres, 112 ; le gouvernement peut faire disparaître toutes celles qui menacent la sûreté du chemin de fer, 145 et suiv.

Domaine public. — Les chemins de fer en font partie, à partir de quel moment? 19.

E

Eaux (écoulement des). — Sur les terres riveraines des chemins de fer, 37.

Elagage, voy. *Plantation*.

Embarcadères. — Sont imprescriptibles, 18; — inaliénables, 21.

Emprisonnement. — Applicable à l'auteur d'un accident causé par négligence, 169.

Engrais. — Peuvent être temporairement placés près d'un chemin de fer, 130.

Enquête administrative. — En quoi consiste, 140.

Enregistrement des procès-verbaux de contravention, 176.

Entretien. — Des constructions longeant les voies de fer et antérieures à leur établissement, 88 et 89; — voy. *Constructions*.

Essartement. — Non applicable aux riverains des chemins de fer, 21.

Excavations. — Près les chemins de fer en remblai ne peuvent être faites qu'à une certaine distance, 95; — pourquoi, 96; — fixation de cette distance, 97; — les règlements généraux sur la grande voirie sont applicables aux excavations près les chemins de fer, 98 et 99; — l'administration peut faire supprimer toutes celles qui menacent la sûreté du chemin, 100; — alors même qu'elles auraient été établies avant ce chemin, 101, 145 et suiv.; — les prohibitions relatives aux excavations peuvent être levées par l'administration, 102; — fonctionnaire compétent, 103; — ne peut statuer qu'après communication de la demande au concessionnaire, 104.

Exécution des arrêtés des conseils de préfecture, 195 et suiv.

Exceptions devant les tribunaux de répression. — Quand sont admissibles, 188 et 189.

Exploitation. — Des chemins de fer par concessionnaire ne change pas la nature de ces voies; 19; — des mines, minières, carrières, etc., voy. ces mots.

Expropriation forcée. — Ne peut s'appliquer à un chemin de fer, 21.

Expropriation pour cause d'utilité publique. — N'est pas nécessaire pour occuper temporairement des terrains, 38; — ni pour extraire des matériaux, 52; — la défense de bâtir à deux mètres du chemin

L

M

N

O

P

FIN DE LA TABLE ANALYTIQUE

TABLE DES MATIÈRES

CONTENUES DANS CE VOLUME.

———◦———

FIN DE LA TABLE.

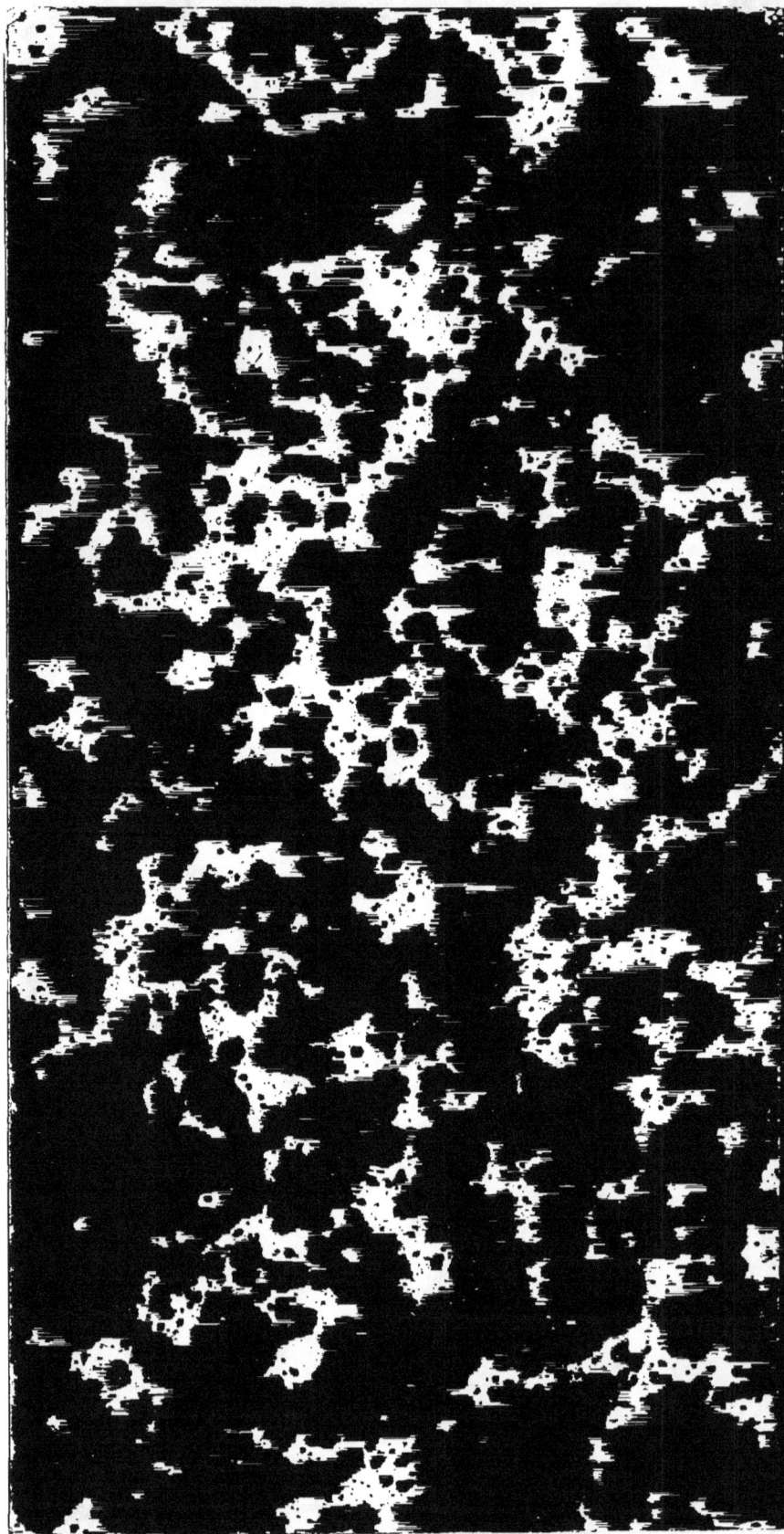

www.ingramcontent.com/pod-product-compliance
Lightning Source LLC
Chambersburg PA
CBHW070548200326
41519CB00012B/2149